Neue
Kleine Bibliothek 173

Markus Bernhardt

Das braune Netz

Naziterror
–
Hintergründe, Verharmloser, Förderer

PapyRossa Verlag

Den unzähligen Opfern rechter Gewalt
in der Bundesrepublik Deutschland

Luxemburger Str. 202, 50937 Köln
Tel.: +49 (0) 221 – 44 85 45
Fax: +49 (0) 221 – 44 43 05
E-Mail: mail@papyrossa.de
Internet: www.papyrossa.de

Umschlag: Willi Hölzel, Lux siebenzwoplus
Druck: Interpress

Die Deutsche Bibliothek verzeichnet diese Publikation in der Deutschen Nationalbibliografie; detaillierte bibliografische Daten sind im Internet über http://dnb.ddb.de abrufbar

ISBN 978-3-89438-482-1

Inhalt

1. Einleitung (7)

2. Die Blutspur des braunen Terrornetzwerkes (13)

Überprüfung zurückliegender Delikte (14); Das Unterstützernetzwerk (17); Rückblick (22); »NSU« – Teil eines internationalen rechten Terrornetzwerkes? (25); Neonazistische Schnittszenen (27)

3. Den braunen Teppich ausgerollt – Neonazis in Dortmund (29)

Zaghaftes Umdenken?! (34); Aufklärungsbedarf auch in NRW (36)

4. Zwischen Sympathie, Schockstarre und Furcht vor Konsequenzen – Die Neonazis und die »NSU«-Enthüllungen (37)

5. Mittendrin statt nur dabei: Die Schlapphüte und das braune Terrornetzwerk (41)

Schlüsselfiguren (45); Verfassungsschutz Teil des Terrornetzwerkes? (47); Der »Kleine Adolf« im Dienste des hessischen Verfassungsschutzes (49); Geheimdienstverstrickung in Polizistenmord? (57)

6. Die Extremismustheorie – Hintergrund und Funktion einer Staatsdoktrin (61)

Der Extremismusbegriff und das Hufeisen (62); Der »Linksextremismus« aus Sicht der Extremismustheorie (65); Exkurs: Totalitarismustheorien (67); Vom Kampfbegriff zum neuen staatspolitischen Programm (69); Ideologische Wegbereiter unwissenschaftlicher Gleichmacherei (74); Die braune »Mitte« (78); Im Zweifel gegen Antifaschisten – Praktische Konsequenzen der staatlichen Extremismusdoktrin (81); DDR verantwortlich für Naziterror? (84)

7. **»Sächsische Verhältnisse« –**
Ein Lehrstück bundesdeutscher »Demokratie« (86)

Totale Überwachung (87); »Das Spiel der Neonazis« (90); Grundrechte außer Kraft gesetzt (95); Sachsen setzt auf »Weiter so« (97)

8. **Zwischen Antifaschismus, Symbolpolitik und Ablenkungsmanövern – Es geht nicht nur um die NPD (99)**

Wirksame Maßnahmen statt Ablenkungsdebatten (99); Massenkompatible Hetze (103); Antimuslimische Querfront (106); Begriffslosigkeit und Wortkargheit (108); Aufklärung unwahrscheinlich (110)

Personenregister (115)

1. Einleitung

Am 4. November 2011 wurde Deutschland aus dem Winterschlaf gerissen. War zuvor von etablierter Politik, Polizei, Geheimdiensten und Justiz stets gebetsmühlenartig behauptet worden, dass in Deutschland keine terroristischen Netzwerke militanter Neonazis existierten und eine Art »Braune Armee Fraktion« keineswegs drohe, holte die Realität Behörden und politische Funktionsträger in einem nicht geahnten Tempo ein.

Was sich noch vor wenigen Monaten wie eine vielleicht unzulässige Zuspitzung angehört hätte, ist nun Gewissheit: Ohne die Kumpanei der bundesdeutschen Geheimdienste hätte die neofaschistische Terrorgruppe, die sich selbst den Namen »Nationalsozialistischer Untergrund« (NSU) gab, nicht über dreizehn Jahre hinweg Morde, Bombenanschläge und Bankraube begehen können.

Die mindestens aus den 1998 untergetauchten Neonaziaktivisten Uwe Mundlos, Uwe Böhnhardt und Beate Zschäpe bestehende braune Terrorgruppe wird unter anderem für die in den Medien unter dem Label »Döner-Morde« bekannt gewordenen gezielten Erschießungen verantwortlich gemacht, bei denen zwischen 2000 und 2006 insgesamt neun Migranten ums Leben kamen. Zudem sollen die Faschisten am 25. April 2007 in Heilbronn die Polizistin Michèle Kiesewetter erschossen und ihren Kollegen durch einen Kopfschuss schwer verletzt haben und für einen Nagelbombenanschlag 2004 in Köln verantwortlich sein. Auch weitere terroristische Aktionen könnten auf das Konto der »NSU«-Mitglieder und ihres Sympathisanten- und Unterstützungsnetzwerkes gehen. So prüfen die Ermittlungsbehörden noch immer alle seit Anfang der 1990er Jahre verübten Anschläge, bei denen ein rechter Hintergrund zu vermuten ist, auf eine mögliche Verbindung zum »NSU«.

Während sich Mundlos und Böhnhardt am 4. November 2011 in einem Wohnmobil in Eisenach selbst getötet haben sollen, setzte die derzeit inhaftierte Beate Zschäpe am gleichen Tag das bis dato von ihr und den beiden Naziterroristen bewohnte Haus im sächsischen Zwickau in Brand. Trotz der Zerstörung weiter Teile des Gebäudes gelang es der Polizei, sowohl die Tatwaffe, die bei den sogenannten »Döner-Morden« verwendet worden war, als auch eine DVD mit faschistischem Material zu finden, in dem sich die Neonazis zu den Morden und dem Anschlag in Köln bekennen und außerdem eine Fortsetzung ihrer Taten unter dem Label »Nationalsozialistischer Untergrund II« ankündigten.

Obwohl insgesamt über 500 Ermittler damit befasst sind, angeblich Licht ins Dunkel des faschistischen Terrors zu bringen, haben mitunter Teile der Medien die Rolle der Aufklärer übernommen. Nur so konnte überhaupt zum Vorschein kommen, dass die verschiedenen Geheimdienste der Bundesrepublik – allen voran die Landesämter für Verfassungsschutz, das Bundesamt für Verfassungsschutz, aber auch der Militärische Abschirmdienst der Bundeswehr (MAD) – über das braune Treiben nicht etwa nur schlecht informiert waren bzw. es unterschätzt hatten. Nein, verschiedene innerdeutsche Geheimdienste waren vielmehr mehrfach über den Aufenthaltsort der im Untergrund lebenden Mitglieder der sogenannten »Zwickauer Zelle« informiert und hätten die kaltblütige Mord- und Terrorserie verhindern können.

Maßgeblich aus Sorge um den Wirtschaftsstandort Deutschland bemühen sich Politiker aller etablierter Parteien, den größten Geheimdienstskandal der bundesdeutschen Nachkriegsgeschichte und die mannigfaltigen Verstrickungen der Schlapphüte in die militanten Netzwerke der Neofaschisten zu einem reinen Naziskandal umzudeuten.

Auch Bundeskanzlerin Angela Merkel hatte in ihrer Neujahrsansprache zum Jahr 2012 nichts außer warmen Worten für die Angehörigen der Mordopfer übrig. So konstatierte sie zwar, dass es dem »NSU«-Terrornetzwerk möglich war, »über mehr als ein Jahrzehnt unbehelligt« Morde und Anschläge zu begehen, in denen ein »unfassbares Maß an Hass und Fremdenfeindlichkeit sichtbar« geworden sei, und sprach davon, es den Angehörigen schuldig zu sein, »die Taten umfassend aufzuklären und alle Beteiligten, auch die Helfershelfer, zur Rechenschaft zu ziehen«, auf eine nachprüfbare Veränderung ihrer bisherigen Politik wollte sie sich jedoch nicht festlegen. Vielmehr schwadronierte sie des Weiteren von Werten »unserer offenen und freiheitlichen Gesellschaft«, die es entschlossen zu verteidigen gelte. Merkel äußerte sich mit keinem Wort zu der Verstrickung der Geheimdienste in das verbrecherische braune Treiben, noch dazu, was die von ihr geführte Koalition aus CDU/CSU und FDP zur Aufklärung der Terrorserie beitragen wolle.

Dies verwundert indes nicht wirklich. Sind es doch maßgeblich Politiker der Regierungskoalition, die sich mit aller Macht gegen eine umfassende öffentliche Aufarbeitung des Geheimdienstskandals stemmen. Bis es gar nicht mehr anders ging, wollten sie einzig in den geheim tagenden Parlamentarischen Kontrollgremien (PKGr) und -kommissionen (PKK) des Bundestages bzw. der Landtage über die Ereignisse informiert werden. Dies würde für die Regierenden den Vorteil bergen, dass das tatsächliche Ausmaß des Skandals nicht an die Öffentlichkeit käme, da die Mitglieder der Kontrollgremien zu absoluter Geheimhaltung verpflichtet sind. Nicht einmal untereinander dürfen sich die PKGr- und PKK-Mitglieder ungestraft austauschen. Aus Sicht der Regierenden bietet ein derartiges Vorgehen zudem den Vorteil, dass die Partei Die Linke gänzlich von den Informationsflüssen in Sachen »NSU« ausgeschlossen wäre, da ihr etwa in den Landtagen von Hessen und Nordrhein-Westfalen die ihr zustehenden Sitze in den besagten Gremien von den etablierten Parteien verweigert werden.

Dabei existierten eine Menge an offenen Fragen, die zwar strohfeuerartig in den Medien aufgeworfen werden, dann jedoch ebenso schnell wieder verschwinden. So wurde beispielsweise mehrfach darüber berichtet, dass Beate Zschäpe als sogenannte V-Frau für den Geheimdienst tätig gewesen sein soll. Aufgrund von Zeugenaussagen, die erheblich von den Behauptungen der Polizei abweichen, wurde gar ein Selbstmord von Böhnhardt und Mundlos bezweifelt. Auch kam die Frage auf, wo das bei den vom »NSU« verübten Bankrauben erbeutete Geld abgeblieben sei.

Einig sind sich indes eine Reihe selbsternannter Extremismusexperten, Politikwissenschaftler, Journalisten und Politiker darin, dass es notwendig sei, an der Extremismusdoktrin, die Neonazis und ihre entschiedensten Gegner – nämlich Antifaschisten, Linke und Kommunisten – gleichsetzt, festzuhalten und unbesehen des staatlich geduldeten Nazi-Terrors, »Links- und Rechtsaußen« als gleichermaßen zu bekämpfende Feinde der in ihren Augen »offenen und freiheitlichen Gesellschaft« auszumachen. Dabei griffen die Mainstream-Medien und -Experten sogar auf die Mottenkiste der Kalte-Kriegs-Rhetorik zurück und machten die Ursprünge des faschistischen Terrors im politischen System der DDR aus. Ihr haben die Meinungsmacher bis heute nicht verziehen, einen gesellschaftspolitischen Gegenentwurf zum Kapitalismus entworfen und Antifaschismus – übrigens im Gegensatz zur Bundesrepublik – explizit in ihrer Verfassung verankert zu haben.

Vor diesem Hintergrund dürfte kaum verwundern, dass etwa der bayerische Innenminister Joachim Herrmann (CSU) nur wenige Wochen nach den Enthüllungen über den »NSU«-Terror vor einem »gewaltbereite(n) Linksextremismus« warnte, der »seit Jahren auf dem Vormarsch« sei. Sein Parteifreund, der CSU-Generalsekretär Alexander Dobrindt, ging Anfang Januar 2012 noch weiter und erwog gar eine Initiative für ein Verbot der Linkspartei. »Es darf keine Staatsgelder für die Gegner unserer Demokratie geben, egal ob Braun oder Dunkelrot«, sagte Dobrindt der »Passauer Neuen Presse« und konstatierte, dass »ein Verbotsverfahren gegen die Linkspartei« genauso zu prüfen sei, »wie das Einfrieren der staatlichen Mittel für sie«. So zeichnet sich mehr als deutlich ab, dass die Debatten über die neuerliche Einleitung eines Verbotsverfahrens gegen die neofaschistische NPD nunmehr genutzt werden sollen, um auch über Repressalien gegen die Linkspartei oder gar deren Verbot oder beispielsweise ein Verbot der Deutschen Kommunistischen Partei (DKP) nachzudenken.

Damit trat ein, was Bürgerrechtler in diesem Land bereits zu Beginn der Enthüllungen über das nahtlos in sich greifende Wirken der Geheimdienste, ihres kriminellen V-Leute-Systems und der militanten Nazinetzwerke prophezeit hatten. Die Konsequenz aus dem bekannt gewordenen rechten Terror lautete nicht etwa, den innenpolitisch bisher eingeschlagenen Kurs umgehend zu korrigieren, sondern vielmehr die zunehmenden öffentlichen Forderungen nach einer politischen Offensive gegen den rechten Terror zu nutzen, um gleichgewichtig zum Schlag gegen die politische Linke auszuholen und außerdem die verbliebenen Grund- und Freiheitsrechte der Bürger noch schneller und stärker als bisher schon zu beschneiden. Nicht anders erklärt sich etwa auch die erst Ende Januar 2012 bekannt gewordene Tatsache, dass der sogenannte Verfassungsschutz nach derzeitigem Informationsstand mindestens 42 Bundestagsabgeordnete – und also demokratisch und frei gewählte Volksvertreter – der Linkspartei bereits seit geraumer Zeit beobachtet und auch mit nachrichtendienstlichen Mitteln überwacht. Erstaunlicherweise sind von der staatlichen Überwachung maßgeblich die Teile der Linksfraktion betroffen, die sich in der Vergangenheit keineswegs durch besondere Radikalität ausgezeichnet haben. Vielmehr sollen sich weite Teile des sogenannten realpolitischen Flügels der Bundestagsfraktion unter den Spitzelopfern befinden.

Während Polizei und Justiz sich auf Geheiß der herrschenden Politik außerdem zunehmend dem Vorgehen gegen demokratische Proteste sowie der Absicherung und dem Schutz von Naziaufmärschen verpflichtet fühlen, entsorgte die Bundesregierung mit der Gründung eines sogenannten »Gemeinsamen Abwehrzentrums gegen Rechtsextremismus« (GAR) im Dezember 2011 flugs auch formell das aus den Erfahrungen während des deutschen Faschismus bestehende Trennungsverbot zwischen Geheimdiensten und Polizei. So sollen in dem Abwehrzentrum, das seinen Sitz in Köln und Meckenheim bei Bonn hat, in seiner Aufbauphase zwischen 130 und 140 Beschäftigte arbeiten, darunter Mitarbeiter des Bundeskriminalamtes, des Bundesamtes für Verfassungsschutz, der Landesämter für Verfassungsschutz, der Landeskriminalämter, des Bundeswehrgeheimdienstes MAD, des Auslandsgeheimdienstes BND, der Bundespolizei und des Generalbundesanwalts.

Spätestens seit dem G8-Gipfel im Jahr 2007 im mecklenburg-vorpommerschen Ostseebad Heiligendamm ist außerdem – analog zur gleichgerichteten Entwicklung in der Außenpolitik – eine gezielte Militarisierung auch im Innern zu beobachten. So setzten die Behörden damals Militärtechnik der Bundeswehr ein, um die Proteste zehntausender Globalisierungsgegner zu überwachen. Zum Einsatz kamen dabei nicht nur mindestens ein Dutzend Kampfjets der Bundeswehr, sondern auch Spähpanzer, Feldjäger und drei AWACS-Aufklärungsflugzeuge der NATO.

Fernab der technischen Aufrüstung – wie etwa der in Dresden und Berlin in großem Umfang eingesetzten Funkzellenabfrage von Mobiltelefonen – mittels derer die politischen Funktionsträger mit Hilfe der Polizei gegen Bürger und Demonstranten vorgehen, nimmt auch die gegen demokratische Proteste gerichtete Überwachung und Gewalt neue Ausmaße an. Erinnert sei in diesem Zusammenhang an die wahllosen Wasserwerfer-, Pfefferspray- und Schlagstockeinsätze, mit denen die Polizei etwa gegen Antifaschisten vorging, die sich im Jahr 2011 in Dresden und Dortmund an Massenblockaden gegen gleichzeitig stattfindende Naziaufmärsche beteiligten. Im Gedächtnis geblieben dürfte vielen demokratisch engagierten Bürgern außerdem, der als »Schwarzer Donnerstag« in die bundesdeutsche Geschichte eingegangene 30. September 2010. An diesem Tag ging die Polizei im Stuttgarter Schlossgarten mit bisher nur selten in diesem Ausmaß offen zur Schau gestellten Gewaltexzessen gegen protestierende Gegner des dort geplanten unterirdischen Durchgangsbahnhofes »Stuttgart 21« vor. Mit brachialer Gewalt prügelten die eingesetzten Beamten rücksichtslos auch auf minderjährige wie betagte Bürger ein und verletzten mehr als vierhundert friedliche Demonstranten zum Teil schwer. In Folge eines Wasserwerfereinsatzes verlor der Rentner Dietrich Wagner, der von einem Wasserwerferstrahl getroffen worden war, sogar sein Augenlicht. Die Bilder des blutüberströmten Mannes gingen damals um die Welt und wurden fortan zum Synonym für willkürliche Polizeibrutalität.

Angesichts des zunehmend schlechteren Zustands der Grund- und Freiheitsrechte in der BRD ergibt es daher keinen Sinn, die Morde und Anschläge des »NSU« isoliert zu betrachten. Im vorliegenden Buch soll es vielmehr darum gehen, sie vor diesem Hintergrund politisch einzuordnen und zu bewerten.

2. Die Blutspur des braunen Terrornetzwerkes

Als die aus Jena stammenden Neonazis Mundlos und Böhnhardt nach einem Banküberfall am 4. November tot in einem ausgebrannten Wohnmobil im thüringischen Eisenach gefunden wurden und in ihren Sachen zunächst die Dienstwaffe der 2007 in Heilbronn erschossenen Polizistin Michèle Kiesewetter auftauchte, ahnte kaum jemand das Ausmaß der Blutspur, die sie nach bisherigen Ermittlungen zusammen mit ihrer Komplizin Beate Zschäpe durchs Land gezogen hatten. Mindestens vierzehn Banküberfälle in Thüringen, Sachsen und Mecklenburg-Vorpommern begangene Banküberfälle sollen insgesamt auf das Konto Neonazi-Trios gehen.

Durch weitere Waffenfunde sowie den Fund von Bekennervideos gilt mittlerweile als erwiesen, dass das 1998 untergetauchte Trio als Terrorzelle »Nationalsozialistischer Untergrund« zudem auch für die gezielten Erschießungen verantwortlich war, die in Massenmedien als »Döner-Morde« oder »Mordserie Bosporus« bezeichnet worden waren. Dabei kamen zwischen 2000 und 2006 bundesweit neun Menschen mit Migrationshintergrund ums Leben. Alle wurden am helllichten Tag gezielt bei der Arbeit ermordet. Der aus der Türkei stammende Blumenhändler Enver Şimşek, der am 9. September 2000 in Nürnberg mit mehreren Schüssen niedergestreckt wurde, verstarb zwei Tage später im Krankenhaus. Am 13. Juni 2001 wurde Abdurrahim Özüdoğru ebenfalls in Nürnberg durch zwei Schüsse in den Kopf getötet. Es folgte am 27. Juni 2001 die Ermordung des Obst- und Gemüsehändlers Süleyman Taşköprü in Hamburg. Am 29. August 2001 wurde Habil Kılıç, ebenfalls Inhaber eines Obst- und Gemüsehandels, in seinem Geschäft in München erschossen. Dann folgte die Ermordung von Mehmet Turgut, der am 25. Februar 2004 in Rostock mit drei Kopfschüssen hingerichtet wurde. İsmail Yaşar, Inhaber eines Döner-Imbisses, wurde am 5. Juni 2005 in Nürnberg erschossen. In der weiteren Folge kam es am 15. Juni 2005 zu der Ermordung von Theodoros Boulgarides in München. Am 4. April 2006 wurde Mehmet Kubaşık in seinem Kiosk in der nördlichen Innenstadt Dortmunds ermordet. Dem folgte der Mord an Halit Yozgat am 6. April 2006 in einem Internetcafé in Kassel. Auch ein Nagelbombenanschlag mit 22 Verletzten, der am 9. Juni 2004 in einer Einkaufsstraße mit überwiegend türkischen und arabischen Geschäften in Köln verübt wurde, soll auf das Konto des »NSU« gehen.

Überprüfung zurückliegender Delikte

Nach den Enthüllungen über die brutalen Morde und Anschläge des »NSU« prüfen die Sicherheitsbehörden, zumindest eigenen Angaben zufolge, alle seit 1998 verübten Morde und Anschläge, bei denen ein neofaschistischer Tathintergrund nicht ausgeschlossen werden könnte, auf eine Tatbeteiligung durch das »NSU«-Netzwerk. Dies legt die Vermutung nahe, dass eine Fülle von zurückliegenden Delikten im Rahmen früherer Ermittlungen der Behörden erst gar nicht auf eine mögliche Urheberschaft von Neonazis geprüft wurde. Indes: Zumindest Indizien sprechen dafür, dass die militanten Neofaschisten, auch Urheber des am 27. Juli 2000 verübten Anschlages auf jüdische Aussiedler an der Düsseldorfer S-Bahn-Haltestelle Wehrhahn waren, bei dem neun Menschen teils schwer verletzt wurden.

Frank Laubenburg, engagierter Antifaschist und langjähriger Ratsherr der nordrhein-westfälischen Landeshauptstadt Düsseldorf, hatte bereits infolge der ersten Enthüllungen über den rechten Terror und eine mögliche Verbindung zu dem in der NRW-Landeshauptstadt verübten Anschlag in einer Erklärung darauf hingewiesen, dass die Düsseldorfer Staatsanwaltschaft noch wenige Wochen vor dem »Wehrhahn-Anschlag« die Auffassung vertreten hatte, dass es in der Rheinmetropole »keine ausgeprägte rechte Szene« gebe, obwohl diese nachweislich existiert habe.

»Nach dem Bombenanschlag am S-Bahnhof Wehrhahn erklärte die Staatsanwaltschaft dann, es gebe zwar eine rechte Szene, diese sei aber bislang nicht mit einer solchen Gewaltbereitschaft vorgegangen, wie sie bei dem Bombenanschlag zu Tage getreten sei. Eine wiederum falsche Behauptung: Vier Jahre zuvor, 1996, hatte es einen Anschlag auf ein Asylbewerberheim in Düsseldorf-Wersten gegeben. Die

Täter wurden wegen 23-fachen versuchten Mordes verurteilt. Bereits einen Tag nach dem Bombenanschlag an der Wehrhahn-Linie hatte der ›Koordinierungskreis antifaschistischer Gruppen aus Düsseldorf und dem Umland‹ (Antifa-KOK) in einer Pressemitteilung darauf hingewiesen, dass in unmittelbarer Nähe des Tatorts ein wegen mehrerer rassistischer Delikte vorbestrafter Neonazi sein ›Survival Security & Outdoor‹-Geschäft betreibt, über das an Waffen und Sprengstoff zu kommen sei. Erst fünf Tage nach dieser Meldung reagierte die Düsseldorfer Polizei mit einer Hausdurchsuchung bei dem ›Security‹-Ausrüster – und trotz dessen einschlägiger Verurteilungen behauptete die Staatsanwaltschaft dreist, dass er ›nicht der rechtsextremistischen Szene zuzuordnen‹ sei. Bei der Hausdurchsuchung am 2. August 2000 sei kein belastendes Material gefunden worden. Das fanden dann allerdings Möbelpacker fünf Monate später – am 21. Januar 2001 – im Keller der zuvor von der Polizei durchsuchten Wohnung: Hinter einem Tarnnetz war eine Handgranate verborgen, rechtsextremes Propagandamaterial war zudem im Keller zu finden«, so der fraktionslose Laubenburg.

Derweil prüfen die Behörden auch eine Beteiligung an der Ermordung des Zeitungshändlers Jugosloven Ignjatovic, der am 13. März 2000 in Berlin-Wedding durch zwei Kopfschüsse getötet worden war. Bundesweit rollten die Ermittler hunderte Tötungs- und Anschlagsdelikte – darunter unter anderem die Sprengung des Grabsteins des ehemaligen Präsidenten des Zentralrats der Juden, Heinz Galinski, auf dem Jüdischen Friedhof Berlin-Charlottenburg 1998 sowie einen Bombenanschlag auf den Eingangsbereich des Friedhofes im Jahr 2000 und den Sprengstoffanschlag auf die »Wehrmachtsausstellung« 1999 in Saarbrücken – wieder auf. Allein in Berlin werden vom dortigen Landeskriminalamt insgesamt 63 Tötungsdelikte überprüft.

Beim Gros der Ermittlungen scheinen die Behörden jedoch noch immer im Dunkeln zu tappen. So wurde beispielsweise bezüglich der Ermordung von Michèle Kiesewetter spekuliert, dass die Polizeibeamtin von den Neonazis getötet worden sei, um an ihre Dienstwaffe zu gelangen. Dass dies tatsächlich der Grund für die Erschießung der Beamtin gewesen ist, dürfte jedoch bezweifelt werden. Schließlich verfügten die »NSU«-Mitglieder offenbar über ein ganzes Waffenarsenal und waren auf die einzelne Schusswaffe einer Polizistin keineswegs angewiesen. Anderenorts war seitens der Ermittler gemunkelt worden, dass es sich gegebenenfalls auch um eine Beziehungstat gehandelt haben könne, oder auch, dass es früher zu Verwerfungen zwischen den Neofaschisten und der Familie Kiesewetters gekommen sei. Dann wiederum soll Kiesewetter Opfer der Nazis geworden sein, weil sie in ihrer Funktion als Polizeibeamtin eine Repräsentantin der Demokratie gewesen sei und für die Verteidigung der Grundwerte eingestanden habe.

Am 21. November 2011 erklärte sich Jörg Ziercke, Präsident des Bundeskriminalamtes, im Rahmen einer nichtöffentlichen Sitzung des Innenausschusses des Bundestages, den Mord an Kiesewetter noch wie folgt: »Im Hinblick auf den Mord an der jungen Polizistin in Heilbronn, der ja eigentlich in das Schema so gar nicht hineinpasste und wo von Anfang an die Frage war: ›Was kann man daraus für eine Hypothese entwickeln?‹, zeigt sich eine erstaunliche Veränderung. Wir gehen inzwischen davon aus, dass es sich hier um ein Beziehungsdelikt handeln könnte, ein Beziehungsdelikt, das darauf zurückzuführen ist, dass 2007 im Umfeld der Familie der jungen Polizistin eine Gaststätte angemietet werden sollte, man aber nicht zum Zuge kam, sondern dass einer unserer jetzt Beschuldigten diese Gaststätte gemietet hat, um dort seine rechtsradikale Szene zu empfangen. Hauptsächlich wurde dieses Lokal für solche Szenetreffs benutzt. Das weitere Interessante ist, dass in der Zeit von 2001 bis 2003 die junge Polizistin – vielleicht war sie damals noch nicht Polizistin; das weiß ich jetzt nicht – direkt gegenüber dieser Adresse des Vereins gewohnt hat und dass derjenige aus der Familie der jungen Polizistin, der ursprünglich diese Gaststätte anmieten wollte, dann später einen Koch eingestellt hat, der genau den Geburtsnamen der Frau trägt, die jetzt in Haft ist. Das sind Zufälligkeiten, wo man sich wirklich fragen muss, wie das zustande gekommen ist.« In Richtung der anwesenden Parlamentarier ergänzte er sodann: »Sie mögen daran erkennen: Dieser Fall birgt enorme Überraschungen« – und manifestierte spätestens mit dieser Aussage seine offensichtliche Unwissenheit. (Quelle: Protokoll der 58. Sitzung des Innenausschusses des Deutschen Bundestages)

Das Unterstützernetzwerk

Eindeutig fest steht hingegen, dass die Neonazis sich offenbar sehr früh entschlossen hatten, Morde und Anschläge zu begehen. So fanden die Ermittlungsbehörden eine Festplatte, auf der sich zwei ältere Versionen des »NSU«-Bekennervideos, fanden, die rekonstruiert werden konnten. Darin brüsten sich die Neofaschisten mit Morden an migrantischen Ladenbesitzern. An der ersten Fassung des Bekennervideos sei zuletzt am 9. März 2001 gearbeitet worden. Also zu einem Zeitpunkt, an dem die Nazis erst einen Mord, nämlich den an Enver Şimşek in Nürnberg, begangen hatten. In dem in den Trümmern des von Beate Zschäpe im November 2011 in Brand gesetzten Hauses hatten die Ermittlungsbehörden die Bekenner-DVD der Neonazis gefunden, auf der sich Filmsequenzen der Zeichentrickserie »Der rosarote Panther«, Fotos der ermordeten Migranten sowie Fernsehberichte über die Mordserie fanden und die teils mit Liedern der rechten Band »Noie Werte« untermalt ist. Eine Liste mit Namen und Adressen von 88 – ein von Nazis verwendeter Code für »Heil Hitler« – Personen konnte ebenso sichergestellt werden, wie eine Adressliste mit über 10.000 Datensätzen von linken Gruppierungen, verschiedenen Parteien, Politikern und zivilgesellschaftlichen und religiösen Vereinigungen. Ende November 2011 wurde indes André Eminger, Inhaber der Medienfirma »Aermedig« festgenommen, dem die Behörden vorwerfen, das »NSU«-Bekennervideo hergestellt zu haben. Außerdem sollen er und seine Frau Susann den Naziterroristen Bahncards zur Verfügung gestellt haben.

Dass die Zwickauer Terrorzelle ihr blutrünstiges Bekennervideo mit Musik der baden-württembergischen Band »Noie Werte« untermalte, verwundert nicht. Schließlich gehört die Band, die bereits in den 1980er Jahren gegründet wurde, zu den angesagtesten Combos der deutschen Neonaziszene. Der Bassist und Gitarrist der Band war bis zu seiner Amtsenthebung im Jahr 2008 sogar ehrenamtlicher Richter am Amtsgericht Stuttgart. Steffen Hammer, Frontmann der mittlerweile zumindest offiziell aufgelösten Band, arbeitet in einer baden-württembergischen Rechtsanwaltskanzlei, die in mehreren Fällen die Verteidigung von Neonazis übernommen hatte. In besagter Kanzlei war – bis zu ihrer Kündigung Ende Dezember 2011 – auch die Rechtsanwältin Nicole Schneiders, die zuvor die juristische Vertretung des als »NSU«-Unterstützer festgenommenen Ralf Wohlleben übernommen hatte, beschäftigt.

»Um Spekulationen zu meiner Person vorzubeugen, teile ich mit, dass es zutreffend ist, dass ich etwa 2000/2001, während meines Studiums in Jena, kurzzeitig Mitglied der NPD im Kreisverband Jena war. Grund dafür war, dass ich der Ansicht war, dass eine wehrhafte Demokratie keine Parteiverbote benötigt. Diese Ansicht vertrete ich im Übrigen auch heute noch. Aus Protest trat ich damals in diese Partei ein. In Ansehung dessen, dass das Bundesverfassungsgericht das Verfahren wegen der Unterwanderung der Partei durch V-Leute des Verfassungsschutzes einstellte, sah ich keine weitere Notwendigkeit für eine Mitgliedschaft und erklärte meinen Austritt. Seither bin ich parteilos«, erklärte Schneiders, die in Jena und Mannheim Rechtswissenschaften studiert hatte, in einer am 14. Dezember 2011 veröffentlichten Erklärung. Trotzdem gab die Kanzlei »Harsch & Kollegen« am 22. Dezember 2011 bekannt, dass man sich »aufgrund des enormen öffentlichen Druckes« gezwungen gesehen habe, »Frau Rechtsanwältin Nicole Schneiders, unter Einhaltung der gesetzlichen Fristen, zu kündigen«.

Erstmalig äußerte sich im Dezember 2011 auch Mandy Struck, deren Identität von Beate Zschäpe genutzt wurde, gegenüber der Presse. Im Februar 1998 habe sie ein Bekannter in Chemnitz gebeten, Zschäpe, Mundlos und Böhnhardt, die kurz zuvor untergetaucht waren, unterzubringen. Sie habe die drei Neonazis dann in der Wohnung ihres damaligen Freundes einquartiert, so Struck, die 2005 aus der rechten Szene ausgestiegen sein will und früher unter anderem für die mittlerweile verbotene neofaschistische »Hilfsorganisation für nationale politische Gefangene« (HNG) aktiv war. Zschäpe, die Struck nicht nur aufgrund der gleichen Körpergröße ähnelt, soll einen Mitgliedsausweis eines bayerischen Tennisklubs genutzt haben, der auf den Namen »Mandy Struck« ausgestellt war. Auch ein Impfpass für Zschäpes Katzen war mit dem gleichen Namen versehen. Ob es zwischen der real existierenden Mandy Struck und dem neofaschistischen Trio in den letzten Jahren tatsächlich keinerlei Kontakte gab, ist fraglich. Schließlich fanden die Ermittlungsbehörden unter anderem Strucks aktuelle Handynummer bei den übriggebliebenen Gegenständen der »NSU«-Mitglieder. Genauso wie gegen André Eminger und seine Frau wird auch gegen Struck wegen der »Unterstützung einer terroristischen Vereinigung« ermittelt.

Fernab der mannigfaltigen Unterstützung, die der Zwickauer »NSU«-Zelle zuteil wurde, ist indes klar, dass Polizei und Inlandsgeheimdienste die Morde des »NSU« hätten verhindern können. Schließlich fielen Mundlos, Böhnhardt und Zschäpe bereits in den 1990er Jahren durch ihre Teilnahme an neofaschistischen Aufmärschen, aber auch durch eigene politische Aktionen auf und standen im Visier der Behörden. Bereits am 13. April 1996 sollen die militanten Rechten einen Puppentorso an einer Autobahnbrücke der A4 bei Jena aufgehängt haben, der mit einem sogenannten Judenstern und der Aufschrift »Vorsicht Bombe« versehen war. Für diese Tat wurde Böhnhardt im Oktober 1997 unter anderem wegen Volksverhetzung und Störung des öffentlichen Friedens zu einer Jugendstrafe von zwei Jahren und drei Monaten verurteilt. Zu einer Vollstreckung der Strafe kam es jedoch nie.

Im August 1996 nahmen die drei Neonazis außerdem an einer unangemeldeten Demonstration teil, im Rahmen derer dem Kriegsverbrecher Rudolf Heß gehuldigt wurde. Ebenfalls anwesend waren die später als »NSU«-Unterstützer festgenommenen Ralf Wohlleben und Holger Gerlach sowie der heutige NPD-Bundesvorsitzende Holger Apfel. Wohlleben und Gerlach gehört wie Mundlos, Böhnhardt und Zschäpe in den 1990er Jahren der neonazistischen »Kameradschaft Jena« an. Während Gerlach Thüringen Richtung Niedersachsen verließ, war Wohlleben unter anderem im Landesvorstand der NPD und bei den faschistischen »Freien Kräften« aktiv und mauserte sich zu einem der einflussreichsten Neonazis in Thüringen. Derzeit wird er verdächtigt, die »NSU«-Zelle nicht nur ideell unterstützt, sondern den Untergetauchten 2001 oder 2002 auch eine Schusswaffe organisiert zu haben.

Auch ein weiterer Unterstützer der Terroristen, der mittlerweile in Düsseldorf lebende ehemalige »THS«-Aktivist Carsten S., wird verdächtigt, die »NSU«-Zelle logistisch unterstützt zu haben. So soll er, Medienberichten zufolge, neben dem inhaftierten Ralf Wohlleben »zumindest in den Jahren 1999 und 2000 maßgebliche Kontaktperson« von Mundlos, Böhnhardt und Zschäpe gewesen sein und diese mit Geld versorgt haben. Offen ist derzeit, ob S., der die drei Neonazis aus der gemeinsamen Zeit in Thüringen kannte, auch in den Bombenanschlag auf die Kölner Keupstraße 2004 oder den Mord an dem Dortmunder Kioskbesitzer Mehmet Kubaşık 2006 involviert war. Der Verfassungsschutz jedenfalls behauptet bisher, S. sei zu diesem Zeitpunkt bereits aus der Naziszene ausgestiegen gewesen. Der schon mehrfach zitierte fraktionslose Düsseldorfer Ratsherr Frank Laubenburg forderte von S. indes, er müsse »zur Aufklärung beitragen«, da es sich bei der Unterstützung des »NSU« nicht um eine »Jugendsünde« gehandelt habe. »Ein wirklicher ›Ausstieg‹ aus der neonazistischen Szene erfordert mehr als den persönlichen Rückzug: das Aufdecken der Infrastruktur, die sich sich Böhnhardt, Mundlos und Zschäpe aufgebaut hatten bzw. die ihnen von Neonazis und offenbar auch vom Verfassungsschutz geboten wurde, hätte ggf. die folgende Mordserie des ›NSU‹ be- oder sogar verhindern können.« Von daher sei Carsten S. »spätestens jetzt aufgefordert, die Öffentlichkeit selbst und umfassend über seine Unterstützung des ›NSU‹ und alle ihm darüber hinaus bekannten Verbindungen und Kontakte von Mundlos, Böhnhardt und Zschäpe zu informieren«, so Laubenburg weiter. Das sei S. zumindest den überlebenden Opfern und den Hinterbliebenen der Mordopfer schuldig. S. ließ hingegen Ende Januar über seinen Rechtsanwalt verbreiten, dass er von den Straftaten der Zwickauer Terrorzelle nichts gewusst habe und über deren Aktivitäten extrem erschrocken sei. »Ich bin im Jahre 2000 aus der rechten Szene ausgestiegen. Seitdem habe ich mich davon distanziert und verabscheue jegliche Art von rechtem, rassistischem und extremistischem Gedankengut«, ließ er mitteilen. Ungeachtet aller seiner Bekenntnisse wurde der 31jährige am 1. Februar 2012 von der Polizei festgenommen. Seine Wohnung wurde durchsucht. Ihm wird vorgeworfen, Beihilfe zu sechs Morden und einem versuchten Mord des »NSU« geleistet zu haben. Zeitweilig soll er gar der einzige aus dem »NSU«-Umfeld gewesen sein, der unmittelbaren Kontakt zu Böhnhardt, Mundlos und Zschäpe hatte. Bereits am 2. Januar 2012 hatte der *Spiegel* aus einem geheimen Bericht des Verfassungsschutzes über den »NSU« zitieren können, wobei auch S. namentlich genannt wurde. Wie schon andere Beschuldigte vor ihm blieb diesem somit Zeit genug, um sich auf seine Festnahme und die Durchsuchung seiner Wohnung einzustellen und eventuelle Spuren zu beseitigen.

Klar dürfte indes sein, dass es eine Reihe von Neonazis gab, die über das Treiben des »NSU« informiert waren und Mundlos, Böhnhardt und Zschäpe in ihrem mörderischen Treiben unterstützten. Derzeit ist davon auszugehen, dass nicht nur eine Handvoll militanter Rechter zum Kreis der Förderer des braunen Terrors gehörten, wie aktuell von den Ermittlungsbehörden behauptet wird. Ein Indiz dafür ist etwa die bereits im Jahr 2010 erfolgte Veröffentlichung des Liedes »Döner-Killer« auf dem Album »Adolf Hitler lebt!« durch die Naziband »Gigi & Die Braunen Stadtmusikanten«. Die Band wurde im November 2011 von der »Vereinigung der Verfolgten des Naziregimes – Bund der Antifaschistinnen und Antifaschisten« (VVN-BdA) ebenso angezeigt wie der Neonaziversandhandel »Reconquista«, der versuchte, aus den Morden des »NSU« Kapital zu schlagen. So bot der rechte Versand ein T-Shirt mit dem Aufdruck »Killer Döner nach Thüringer Art« in seinem Katalog an. Die VVN-BdA zeigte sich in einer veröffentlichten Erklärung entschlossen, den Kampf gegen die Neonazis zu verstärken, und übte dabei harsche Kritik an den Ermittlungsbehörden.

»Es ist schon beschämend genug, dass sich Neonazis und Rassisten eines vorhandenen strukturellen Rassismus in Behörden bedienen konnten, der sich in Begrifflichkeiten wie ›Sonderkommission Bosporus‹ oder ›Dönermorde‹ widerspiegelt, Klischees und Stereotype insbesondere gegen türkischstämmige Menschen bedient, die Opfer sowie Angehörigen diskriminiert bzw. kriminalisiert und dem Rassismus in der Mitte der Gesellschaft in die Hände spielt«, kritisierte die mitgliederstärkste antifaschistische Organisation der Bundesrepublik.

Und fuhr fort: »Sowohl der rechte Versandhandel als auch die Neonaziband hetzen seit Jahren auf nicht hinnehmbare Art und Weise gegen Menschen, die nicht in ihr Weltbild passen, und verherrlichen Gewalt. Den Tiefpunkt allerdings bildete die Verhöhnung der Ermordeten mit Migrationsgeschichte, deren Täter aus der Neonaziszene sowie deren rassistischer Hintergrund erst jüngst entlarvt wurden«. Zwar sei die CD mit dem Titel »Adolf Hitler lebt!« indiziert worden, jedoch habe das sächsische Landeskriminalamt »weder eine strafrechtliche Relevanz« gesehen, noch sei die Veröffentlichung zum Anlass genommen worden, die Mörder der neun Migranten in der Neonaziszene zu suchen. Die VVN-BdA habe sich daher zu einer Strafanzeige gegen die Betreiber des Neonazi-Versandhandels »Reconquista« Dirk Bernt, André Reinicke und Rodrigo Diaz sowie gegen Daniel Giese und die anderen Mitglieder der Neonaziband »Gigi & Die braunen Stadtmusikanten« wegen »aller in Betracht kommenden Straftaten, insbesondere Volksverhetzung, Billigung von Straftaten und Verunglimpfung des Andenkens Verstorbener« entschlossen.

Rückblick

Am 2. September 1997 deponierten Mundlos, Böhnhardt und Zschäpe, die in dem vom Verfassungsschutz infiltriertem neofaschistischen »Thüringer Heimatschutz« (THS) aktiv waren und bereits seit 1995 als sogenannte Rechtsextremisten im nachrichtendienstlichen Informationssystem gespeichert gewesen sein sollen, einen aus ca. 10 Gramm TNT bestehenden Sprengsatz in einem Koffer mit aufgesprühtem Hakenkreuz vor dem Theater in Jena. Am 26. Dezember 1997 wurde ein weiterer »Hakenkreuz-Koffer« an einem antifaschistischen Mahnmal auf dem Nordfriedhof in Jena gefunden. Erst im Rahmen von Hausdurchsuchungen, die am 26. Januar 1998 in sieben Wohnungen in Jena durchgeführt wurden, stellte die Polizei in einer Garage, die von Beate Zschäpe angemietet worden war, mehrere Rohrbomben mit fast 1,4 Kilogramm TNT sicher. Zschäpe und ihre Gesinnungsgenossen Böhnhardt und Mundlos wurden indes bei der Durchsuchung nicht festgenommen und konnten – trotz monatelanger Observierung zuvor – am gleichen Tag in den Untergrund abtauchen. Dies dürfte indes keineswegs ohne Wissen und Mithilfe – unter anderem der führenden THS-Kader und somit auch nicht ohne Wissen des Thüringer Verfassungsschutzes – vonstatten gegangen sein.

Thomas Sippel, Präsident des Thüringer Landesamtes für Verfassungsschutz, stellte seine Sicht der Dinge in der bereits erwähnten nichtöffentlichen Sitzung des Bundestagsinnenausschusses am 21. November 2011 wie folgt dar:

»(…) Die Sektion Jena des Thüringer Heimatschutzes ging aus der sogenannten Kameradschaft Jena hervor. Dieser Sektion waren mindestens sechs Personen zuzurechnen, darunter Uwe Böhnhardt, Uwe Mundlos sowie die derzeit inhaftierten Beate Zschäpe und Holger G. Böhnhardt war neben Mundlos stellvertretender Leiter der Sektion Jena. (…) Auf Ersuchen des Thüringer Landeskriminalamts wurde Böhnhardt vom Thüringer Verfassungsschutz in der Zeit vom 24. November bis 1. Dezember 1997 observiert. Dabei wurden Kontakte Böhnhardts unter anderem zu Mundlos und Zschäpe festgestellt. Es wurde vor allem aber auch festgestellt, dass Böhnhardt und Mundlos in einem Baumarkt Brennspiritus und Gummiringe kauften und diese zu einem Garagenkomplex an der Kläranlage in Jena verbrachten. Es wurde festgestellt, dass die beiden sich sehr konspirativ und sehr vorsichtig verhielten. Sie ließen ihr Auto stehen, gingen zu Fuß zu dem Komplex und schlossen nach Betreten der Garage sofort das Tor. Die Garage war, wie sich im Zuge der weiteren Ermittlungen ergab, an Frau Zschäpe untervermietet. Der Verfassungsschutz unterrichtete das Thüringer Landeskriminalamt über die Feststellungen, das daraufhin einen Durchsuchungsbeschluss wegen des Verdachts der Vorbereitung eines Explosions- und Strahlungsverbrechens erwirkte. Bei den Absprachen zwischen dem Landeskriminalamt und der Staatsanwaltschaft Gera wurde unter anderem auch die Frage geprüft, inwieweit die Voraussetzungen für den Erlass eines Haftbefehls vorliegen. Das Vorliegen eines Haftgrundes wurde von der Staatsanwaltschaft zu diesem Zeitpunkt nicht gesehen. Der Durchsuchungsbeschluss wurde schließlich am 26. Januar 1998 vollstreckt. Böhnhardt setzte sich, nachdem ihm die Maßnahme eröffnet worden war, in seinen Pkw und fuhr davon. (...)« (Quelle: Protokoll der 58. Sitzung des Innenausschusses des Deutschen Bundestages)

Nach dem Untertauchen der drei Neonazis hatten das Thüringer Landeskriminalamt (LKA) und das dortige Landesamt für Verfassungsschutz (LfV) im Februar des gleichen Jahres unabhängig voneinander Zielfahndungen eingeleitet. Dabei soll das LfV seinen V-Mann Tino Brandt, der an vorderster Stelle in den Reihen des »Thüringer Heimatschutzes« und der dortigen NPD aktiv war, über die Observationsmaßnahmen der Polizei auf dem laufenden gehalten haben. Mindestens drei V-Leute des Verfassungsschutzes sollen an führender Stelle des »THS« installiert worden sein. Einer davon war Tino Brandt. Sein Dienst für den thüringischen Verfassungsschutz dauerte von 1994 bis 2001 und wurde mit etwa 200.000 DM honoriert. Er behauptete im Nachhinein, dass nicht etwa er von den Verfassungsschützern als Quelle genutzt worden sei, sondern umgekehrt er die Behörde vielmehr selbst »als Informationsquelle abgeschöpft« habe. Noch im Jahr 2000 hatte Brandt einen Betrag von 2.000 D-Mark von den Thüringer Verfassungsschützern erhalten, um sie den untergetauchten Neonazis für neue Passdokumente zukommen zu lassen. Der Plan scheiterte jedoch an der Unzuverlässigkeit der im Umfeld des »NSU« eingesetzten V-Leute. Indes: Wegen Verjährung der Delikte seien die Verfahren gegen das rechte Trio eingestellt worden, teilte die Staatsanwaltschaft Gera am 17. September 2003 mit.

Der »Thüringer Heimatschutz«, in dem vor allem Neonazis aus Thüringen selbst und, so der dortige Verfassungsschutz, »einige wenige aus Nordbayern« agiert haben sollen, soll bereits seit 1995 bestanden haben und zuvor unter der Bezeichnung »Anti-Antifa Ostthüringen« aktiv gewesen sein. Informationen derselben Quelle zufolge soll die »Anti-Antifa Ostthüringen« erstmals 1994 wahrgenommen worden sein. Besagte Organisation sei zu einem »neuartigen Bindeglied im neonazistischen Spektrum geworden«, hieß es damals seitens der Behörde. Tatsächlich waren einige der zweitweise über 170 landesweit aktiven »THS«-Anhänger auch in anderen neofaschistischen Organisationen, so in der NPD bzw. bei deren Jugendorganisation, den »Jungen Nationaldemokraten« (JN), aktiv. Lokale Nazigruppen, die sich als Teil des »THS« verstanden, existierten unter anderem in Saalfeld, Sonneberg, Eisenach, Gera und Jena.

»NSU« – Teil eines internationalen rechten Terrornetzwerkes?

Die dem »NSU« zugeschriebenen Taten werfen indes mehr Fragen auf, als bisher beantwortet wurden. Unbeantwortet blieb beispielsweise die gravierende Frage, ob es sich bei den »NSU«-Terroristen einzig um in Deutschland aktive Neonazis handelte, oder ob der »NSU« nicht gar Teil eines internationalen rechten Terrornetzwerkes war bzw. sogar noch immer ist. Schließlich wies Bodo Ramelow, Thüringer Fraktionsvorsitzender der Linkspartei, bereits im Dezember 2011 in einem Interview mit der Tageszeitung *junge Welt* darauf hin, dass man es mit einer »langjährigen Struktur« zu tun habe, welche die »NSU«-Zelle gestützt habe. »Nach unserer Einschätzung haben wir es mit etwa 20 mehr oder minder aktiven Personen in der ›NSU‹-Zelle zu tun, die wiederum von rund 140 Personen aus dem Nazimilieu deutschlandweit getragen worden sind«, konstatierte er. Als Akteure, die »immer gut vernetzt agiert haben«, machte Ramelow in diesem Zusammenhang neben den bekannten »NSU«-Mitgliedern den »Thüringer Heimatschutz«, das internationale »Blood & Honour«-Netzwerk, die NPD und das »Freie Netz« aus.

Tatsächlich, soviel ist bereits jetzt deutlich, gab es in Thüringen eine Schnittmenge aus verschiedenen neofaschistischen Organisationen mit ausgeprägten Kontakten ins In- und Ausland. Konzepte, mit massiver Gewalt gegen Migranten und politisch Andersdenkende vorzugehen, grassierten in der internationalen Naziszene der 1990er Jahre zur Genüge. So etwa bei dem bewaffneten Arm des britischen Nazinetzwerkes »Blood & Honour« (B&H) namens »Combat 18«, welcher auf dem Prinzip des »führerlosen Widerstandes« aufbaut. In Anleitungen zu Mord und Terror, die »Combat 18« in den 1990er Jahren verbreitete, sprachen sich die Nazis für gezielte Anschläge auf Migranten aus, die in Kleinstgruppen von nur wenigen Leuten verübt werden sollten. Zudem solle auf Bekennerschreiben verzichtet werden, hieß es in der Anweisung. Aufgrund des »führerlosen Widerstandes« kann und konnte das Label »Combat 18« von allen Personen genutzt werden, die sich der faschistischen Ideologie des Netzwerkes verpflichtet fühlen. So kam es vor allem in den 1990er Jahren in Großbritannien zu verschiedenen Anschlägen, die »Combat 18«-Anhängern zugeschrieben wurden. Beispielsweise verübte der britische Neonazi David Copeland im April 1999 in London drei Bombenanschläge, bei denen drei Menschen starben und über 136 Personen verletzt wurden. In der Bundesrepublik existierte von 2001 bis 2003 die Gruppierung »Combat 18 Pinneberg« mit etwa 20 bis 30 Mitgliedern. Infolge staatlicher Maßnahmen wie einer Hausdurchsuchung, bei der im Oktober 2003 mehr als 50 Wohnungen im Raum Schleswig-Holstein und Hamburg durchsucht wurden, wurde die Organisation aufgelöst.

Rund um das in den 1980er Jahren vom 1993 verstorbenen Frontmann der Naziband »Skrewdriver«, Ian Stuart Donaldson, gegründete Netzwerk »Blood & Honour« hatten sich in der Bundesrepublik in den 1990er Jahren hunderte militante Neonazis gruppiert. Seine deutsche Sektion war im Jahr 2000 verboten worden. Es mehren sich aber Hinweise, dass das Netzwerk in in der Bundesrepublik dennoch weiterbesteht. Auch Mundlos, Böhnhardt und Zschäpe sollen etwa bei Konzerten von »Blood & Honour« zugegen gewesen sein. Es dürfte daher mitnichten ausgeschlossen sein, dass das »NSU«-Netzwerk über gute internationale Kontakte verfügte und dass Mundlos, Böhnhardt und Zschäpe während ihrer Zeit im Untergrund nicht nur von deutschen, sondern auch von Faschisten in und aus anderen Ländern unterstützt worden sind. Presseberichten zufolge, sollen sich die Gesuchten beispielsweise 1998 zeitweilig in Budapest und 2000 in Bulgarien aufgehalten haben. Auch über einen Aufenthalt der drei Nazis in der Schweiz und in Südafrika wurde verschiedentlich spekuliert. Ein Name, der in diesem Zusammenhang öfter fiel, war der des ehemaligen Bundeswehr-Panzergrenadiers Claus Nordbruch, der 1986 nach Südafrika ausgewandert war und im Jahr 2000 deutsche Neofaschisten zu einem Waffentraining auf seine dortige Farm eingeladen haben soll.

Neonazistische Schnittszenen

Eine wie in den 1990er Jahren in Thüringen bestehende Schnittszene verschiedener neofaschistischer Organisationen stellt heutzutage das auch von Bodo Ramelow erwähnte »Freie Netz« (FN) dar. Bei diesem handelt es sich fernab von der von ihm betriebenen Internetseite um eine der bedeutendsten Gruppierungen militanter Neonazis, die vorrangig in Sachsen, Sachsen-Anhalt und Thüringen aktiv sind. So sorgte Anfang November 2011 die Veröffentlichung interner Forenbeiträge der Internetpräsenz des »Freien Netzes« für großes öffentliches Aufsehen. Insgesamt 1.300 Forenbeiträge haben die Leipziger Aktivisten der Gruppe »Gamma – antifaschistischer Newsflyer für Leipzig und Umgebung« ausgewertet. Sie kamen dabei zu dem Schluss, dass die extremen Rechten aus den Reihen des »Freien Netzes« aus »instrumentellen und strategischen Gründen« die Nähe zur NPD suchen. Darüber hinaus belegen die veröffentlichten Beiträge außerdem, dass führende Neonazis aus Leipzig und Umgebung eine »NS-Ersatzorganisation« schaffen wollen und dafür die NPD-Jugend »Junge Nationaldemokraten« (JN) nutzen. »Der Landesvorstand der JN in Sachsen ist komplett mit revolutionären Kräften besetzt, die auf Linie sind, der Landesführer ist einer von uns, und die Ausrichtung der JN wird kontinuierlich in Richtung ›NS-Ersatzorganisation‹ vorangetrieben«, heißt es etwa in einem der Forenbeiträge. »Die Partei garantiert den Anschein von Legalität, leitet Geld an Kameradschaftsgruppen weiter und bietet bezahlte Posten. Das FN nutzt seine Kontakte, um Entscheidungen innerhalb der NPD zu beeinflussen und die eigenen, neonazistischen Leitlinien durchzusetzen oder ihre Berücksichtigung gar zu erpressen«, schlussfolgerten daraufhin die Leipziger Antifaschisten in ihrer Auswertung. Darüber hinaus bietet die Veröffentlichung der Forenbeiträge einen eindrucksvollen Einblick in das Innenleben der gewaltbereiten Szene samt ihrer antisemitischen und völkisch-rassistischen Ideologiekonstrukte und zeichnet ein aufschlussreiches Bild über die Aktivitäten der Hintermänner des »Freien Netzes«. So wurde in dem internen Forum etwa angeregt, eine »Polizeiwache anzugreifen und abzufackeln«. Ein Nutzer kommentierte diesen Vorschlag mit dem Eintrag »Ohne einen abzustechen? Ist ja langweilig«. Außerdem diskutierten die Neonazis darüber, verkleidet als Punks Sachbeschädigungen an Ladengeschäften und Fahrzeugen zu verüben, um bei der Bevölkerung Vorbehalte gegenüber Linken zu schüren.

Dass es in der neofaschistischen Szene keineswegs nur bei Diskussionen über gewalttätige Aktionen bleibt, sondern dass das braune Milieu von vornherein aus Gewalt ausgerichtet ist, ist indes nicht erst seit Bekanntwerden der Morde und Anschläge des »NSU« bekannt. Neofaschistische Orientierungen gehen oftmals einher mit einer ausgeprägten Affinität zu Militarismus und Waffen. So musste die Bundesregierung aufgrund einer von der Linksfraktion eingebrachten Kleinen Anfrage einräumen, dass in den Jahren 2009 und 2010 mehr als 800 Waffen bei Neonazis sichergestellt worden seien. In den Jahren 2007 und 2008 lag die Zahl bei etwa 670. Insgesamt beschlagnahmte die Polizei 2009 und 2010 satte 15 Faustfeuerwaffen und 16 Gewehre sowie sechs Waffen, die unter das Kriegswaffenkontrollgesetz fallen. Zudem wurden 40 Spreng- und Brandvorrichtungen sichergestellt. Die Funde von Waffen und Sprengstoff bedeuten indes keineswegs, dass ihre Inhaber auch vor Gericht kämen. So verzichtete das Oberlandesgericht Karlsruhe beispielsweise darauf, dem südbadischen Neonazi Thomas Baumann, der 22 Kilo Zutaten für die Herstellung von Sprengstoff gehortet hatte, den Prozess zu machen. Der Neofaschist, der bei seiner Festnahme 2009 in Lörrach den Stützpunkt der NPD-Jugendorganisation »Junge Nationaldemokraten« geleitet haben soll, hatte diverse Chemikalien, Fernzünder sowie Anleitungen zum Bombenbau besessen und wäre in der Lage gewesen, binnen weniger Stunde eine funktionsfähige Rohrbombe zu bauen. Obwohl Baumann im April 2008 beim örtlichen NPD-Chef angefragt haben soll, ob dieser im Besitz von »Namen und Adressen von wichtigen politischen Gegnern« sei, erklärte das OLG, dass keine Möglichkeit bestünde, gegen Baumann wegen Vorbereitung eines Sprengstoffverbrechens Anklage zu erheben, da dieser keine »bestimmte Tat geplant« und keinerlei konkrete Vorstellungen »im Hinblick auf ein Angriffsziel und den Angriffszeitpunkt« entwickelt habe.

Während es bei Polizei und Justiz bisher ganz offensichtlich zu keinem grundlegenden Umdenken im Hinblick auf die neonazistischen Waffennarren gekommen ist und den rechten Schläfern somit auch weiterhin keinerlei Verfolgungsdruck seitens der staatlichen Organe droht, hat sich zumindest der sächsische Reservistenverband der Bundeswehr in Folge der »NSU«-Morde entschlossen, sich von Mitgliedern zu trennen, die zugleich in neofaschistischen Organisationen und Parteien aktiv sind. Allein in Sachsen sind nach offiziellen Angaben 38 Neonazis im Besitz von über 105 Lang- und 51 Kurzwaffen.

So begrüßenswert der Schritt des Reservistenverbandes auf den ersten Blick auch erscheinen mag, so verwunderlich ist doch, dass der Verband vor der Enthüllung über den »NSU«-Terror offenbar keine Notwendigkeit sah, sich von Neonazis zu trennen. So fühlte sich seine Bundesgeschäftsstelle auch erst Ende 2011 bemüßigt zu erklären, dass sich der Verband »in seiner Satzung und zahlreichen weiteren Dokumenten und Erklärungen fest zur freiheitlichen demokratischen Grundordnung« bekenne. »Extremistische Aktivitäten – gleich welcher Art – sind deshalb unvereinbar mit einer Mitgliedschaft in unserem Verband«, erklärten die Bundeswehranhänger weiter und wiesen auf einen Beschluss ihres Präsidiums hin, demzufolge »Verbandsmitglieder, die gleichzeitig auch Mitglied der NPD sind«, ausgeschlossen würden.

3. Den braunen Teppich ausgerollt – Neonazis in Dortmund

Es sind genau solche Zusammenschlüsse militanter Neonazis wie das »Freie Netz«, der »Thüringer Heimatschutz« oder die in allen größeren Städten der Bundesrepublik aktiven Gruppen von »Autonomen Nationalisten«, die den stabilen Bodensatz für rechte Terrorgruppen wie den »NSU« darstellen und diese protegieren. Wo militante Neonazis Zulauf haben und eine schlagkräftige antifaschistische Bewegung schwach oder vielleicht sogar nicht vorhanden ist, ist es für jene ein Leichtes, ihren Einfluss Stück für Stück auszubauen. So fanden die Morde des »NSU« zum Teil gerade in Städten statt, in denen eine verhältnismäßig starke rechte Szene beheimatet ist.

Eine Stadt, in der das braune Treiben über Jahre hinweg geduldet, verharmlost und im Endeffekt seitens der Behörden – nicht zuletzt durch den seinerzeitigen sozialdemokratischen Polizeipräsidenten – sogar zumindest indirekt gefördert wurde, ist das seit geraumer Zeit in der Öffentlichkeit als Neonazihochburg wahrgenommene Dortmund. Neben der Region Aachen gilt die Ruhrgebietsmetropole als Zentrum der neofaschistischen »Autonomen Nationalisten« im Westen der Bundesrepublik. Vor allem im Stadtteil Dorstfeld ließen sich in den vergangenen Jahren militante Neonazi-Kader – darunter »Autonome Nationalisten« und Mitglieder der »Skinheadfront Dortmund-Dorstfeld« – nieder und infiltrierten ihr Wohnumfeld. Die Folge: Mehrere Einwohner sahen sich kontinuierlich rechter Gewalt und Attacken ausgesetzt und waren gezwungen, den Ortsteil zu verlassen. Trotz dieser für eine Großstadt verhältnismäßig untypischen Entwicklung nehmen weder Polizei und Justiz noch die politischen Entscheidungsträger die rechten Auswüchse gebührend wahr. Mittlerweile schwappt das Problem des vom Verfassungsschutz als »aktionsorientierter Rechtsextremismus« verharmlosten Neonazismus bereits seit einigen Monaten in umliegende Großstädte im Ruhrgebiet und im Rheinland über.

Allein die Bilanz der in Dortmund verübten neofaschistischen Gewalttaten der letzten Jahre ist erschreckend. Hier nur einige »Höhepunkte«:

Am 14. Juni 2000 ermordete der Dortmunder Neonazi Michael Berger die drei Polizeibeamten Matthias Larisch von Woltowitz, Yvonne Hachtkemper und Thomas Goretzki und tötete sich danach selbst. Berger war Mitglied der »Republikaner« sowie der DVU und aktenkundiger NPD-Sympathisant. Die Dortmunder Neonaziszene, die damals noch von dem als »SS-Siggi« bundesweit bekannten Siegfried Borchardt angeführt wurde, bekundete ihre Sympathie für die mörderische Tat auf ihre eigene Art: »3:1 für Deutschland! Berger war ein Freund von uns« stand auf großräumig im Stadtgebiet verbreiteten

Aufklebern. Noch heute hält sich außerdem hartnäckig das Gerücht, dass der Polizistenmörder als V-Mann im Dienste des Verfassungsschutzes stand. Während das NRW-Innenministerium dies bis heute bestreitet, stellte – ungewöhnlich für einen derartigen Fall – der Dortmunder CDU-Bundestagsabgeordnete Erich G. Fritz vor einigen Jahren eine Kleine Anfrage zu diesem Komplex an die Bundesregierung. Diese erwiderte damals erwartungsgemäß, dass sie zu Fragen, die den Bereich der operativen Nachrichtenbeschaffung beträfen, nur dem zuständigen Parlamentarischen Kontrollgremium antworte. Das Gremium, welches für die Überwachung der Geheimdienste zuständig ist, tagt jedoch geheim. Deshalb drangen bisher keinerlei Informationen über eine mögliche Spitzeltätigkeit des Waffennarrs Berger an die Öffentlichkeit. Mittlerweile wurde indes bekannt, dass dieser auch gut bekannt mit Sebastian Seemann gewesen sein soll. Selbiger stand als V-Mann im Dienste des Verfassungsschutzes und fütterte die Behörde mit Informationen über die Dortmunder Neonaziszene. 2007 flog die Spitzeltätigkeit Seemanns, der mit Drogen und Waffen handelte, durch eine Justizpanne auf. Die Staatsanwaltschaft Bielefeld behauptete damals sogar, dass Seemann durch seinen »V-Mann-Führer« beim Verfassungsschutz vor polizeilichen Ermittlungen gewarnt worden sei.

Begleitet von massiver Stimmungsmache zweier damaliger Ratsmitglieder der damals noch nicht in der NPD aufgegangenen »Deutschen Volksunion« (DVU) verübten Neonazis 2003 einen Anschlag auf die in Dortmund gastierende Ausstellung »Verbrechen der Wehrmacht – Dimensionen des Vernichtungskrieges 1941-1944«, woraufhin diese kurzzeitig geschlossen werden musste.

Am 28. März 2005 tötete der zum Tatzeitpunkt 17jährige Neonazi Sven Kahlin, Mitglied der »Skinheadfront Dortmund-Dorstfeld«, den Punk Thomas Schulz durch mehrere Messerstiche in der U-Bahn-Station Kampstraße. Seine neofaschistischen Gesinnungsgenossen veröffentlichten kurze Zeit darauf eine Stellungnahme, in der sie betonten, dass die »Machtfrage« somit für sie »befriedigend« beantwortet worden sei. Zudem tauchten in der Stadt nur kurze Zeit nach der Tat Plakate mit der Aufschrift »Wer der Bewegung im Weg steht, muss mit den Konsequenzen leben« und Aufkleber mit der Aufschrift

»Antifaschismus ist ein Ritt auf Messers Schneide« auf. Kahlin wurde 2005 zu sieben Jahren Jugendstrafe wegen Totschlags verurteilt. 2010 wurde er vorzeitig aus der Haft entlassen, da ein Gutachter festgestellt haben wollte, dass von dem Neonazi keine weiteren Straftaten zu erwarten seien. Die Realität sah erwartungsgemäß anders aus: Noch im gleichen Jahr soll der als äußerst gewalttätig geltende Kahlin an einem Angriff auf eine alternative Kneipe in Dortmund beteiligt gewesen sein, bei dem mehrere Menschen verletzt wurden. Mittlerweile ist er wieder in Haft, weil er Ende November 2011 an einem brutalen Überfall auf zwei türkische Jugendliche beteiligt war. Gemeinsam mit vier bis fünf rechten Gesinnungsgenossen, soll er seine Opfer noch mit Tritten und Schlägen traktiert haben, als sie bereits wehrlos am Boden lagen.

Am 4. April 2006 erschossen Mitglieder des »NSU« Mehmet Kubaşık in seinem Kiosk in der nördlichen Innenstadt Dortmunds – und damit in unmittelbarer Nähe des rechten Treffpunktes »Deutscher Hof«.

Damit wurden in Dortmund allein zwischen 2000 und 2006 insgesamt fünf Menschen von Nazis ermordet. Zu einem Umdenken bezüglich des bis dato vernachlässigten Kampfes gegen die rechten Gewalttäter, führte diese Tatsache jedoch bisher kaum. So konnten die militanten Rechten auch die lange Liste der von ihnen verübten gewalttätigen Angriffe auf Nichtdeutsche und vermeintliche Linke fortführen. Sowohl die Privatwohnungen engagierter Antifaschisten als auch Parteibüros von Linkspartei, DKP, Bündnis 90/Die Grünen und alternative Kneipen waren bereits Ziele der Neonazis. In diversen Fällen kam es aufgrund gezielter Tritte, Schläge und den Einsatz von CS-Gas zu Verletzungen bei deren Opfern sowie zu Sachschäden von insgesamt mehreren tausend Euro. Begleitet wurden diese Gewalttaten durch Dutzende Naziaufmärsche und -konzerte, die meist mehrere hundert Teilnehmer nach Dortmund lockten.

Im Februar 2009 prügelten Mitglieder der »Skinheadfront Dortmund-Dorstfeld« an einer Chemnitzer Raststätte auf eine Gruppe ihrer Gegner ein, welche sich auf dem Rückweg von Protesten gegen einen Aufmarsch von Neonazis in Dresden befanden. Für bundesweites Aufsehen sorgte darüber hinaus der Angriff von etwa 400 Neofaschisten auf die Teilnehmer einer DGB-Demonstration am 1. Mai 2009. Dabei gingen die rund 400, teilweise vermummten Angreifer mit Steinen, Schlagwerkzeugen und Feuerwerkskörpern auf die Gewerkschafter los. Da die Prozesse gegen die Rädelsführer des Angriffs erst in diesem Jahr durchgeführt werden sollen, warf der Dortmunder DGB den Behörden einen »Stillstand der Rechtspflege« vor, da sie nicht entschieden und schnell genug gegen neofaschistische Gewalttäter vorgingen.

Im Vorfeld des 1. Mai 2010 sorgte indes Klaus Schäfer, der zu diesem Zeitpunkt ein SPD-Parteibuch besaß, für einen lokalpolitischen Skandal, da er an einem Neonazi-Aufmarsch in der Ruhrmetropole teilnahm und darüber hinaus ein freundschaftliches Verhältnis zu den »Autonomen Nationalisten« pflegte. Die Stadt hatte damit einen ihrer höchsten Beamten politisch verloren, war Schäfer zu diesem Zeitpunkt doch keineswegs irgendein beliebiger Bürger, sondern vielmehr Chef der Dortmunder Feuerwehr und Leiter des Instituts für Rettungstechnologie und somit mit sensiblen Informationen – etwa der Einsatzplanung von Feuerwehr und Polizei bei Demonstrationen – bestens vertraut.

Von Bedeutung für die Naziszene sind zudem die traditionellen Aufmärsche anlässlich des von ihnen ausgerufenen »Nationalen Antikriegstages«, die an jedem ersten Sonnabend im September in Dortmund stattfinden. Um den Nazis einen möglichst ungestörten Verlauf ihres Aufmarsches zu organisieren und Proteste von Antifaschisten in dessen Sicht- und Hörweite zu verhindern, hatte die Polizei im Jahr 2011 erneut eine »rote Zone« in der von vielen Migranten bewohnten Dortmunder Nordstadt eingerichtet, in der jegliche Kundgebungen von Antifaschisten untersagt wurden. Die Behörde wurde zu dieser Zeit noch von Polizeipräsident Hans Schulze (SPD) geleitet, der sich inzwischen endlich im Ruhestand befindet. Ihr besonderes Augenmerk hatte sie auf das bundesweite antifaschistische Bündnis »Dortmund stellt sich quer« und auf dessen Mobilisierung gerichtet. Neben bürgerlichen Kräften hatte das Bündnis zur Blockade des Aufmarsches aufgerufen und sich als einziger Protestakteur eindeutig auch gegen Krieg positioniert. In einer höchst ungewöhnlichen Aktion ließ die Polizei mehr als 200 Großflächenplakate in der Dortmunder Innenstadt aufhängen, um potenzielle antifaschistische Demonstranten bereits im Vorfeld von Blockaden des rechten Aufmarsches abzuhalten. »Demonstrieren? Ja! Meinungskundgabe? Ja! Blockieren? Nein! Blockaden stärken die Falschen!« lautete dabei die plumpe Botschaft, die juristisch und politisch nicht nur schlichtweg falsch ist, sondern auch gegen die Neutralitätspflicht der Behörde verstieß. Auch dem nordrhein-westfälischen Innenminister Ralf Jäger, einem SPD-Genossen von Schulze, soll die öffentliche Wortmeldung der Dortmunder Polizei übel aufgestoßen sein.

Zaghaftes Umdenken?!

Während noch im Januar 2012 die in der Dortmunder Petrikirche gastierende Ausstellung »Opfer rechter Gewalt« einzig unter Polizeischutz gezeigt werden konnte, da Anschläge der »Autonomen Nationalisten« befürchtet wurden, und dieser unsägliche Zustand den Verantwortlichen in Stadtverwaltung und Politik nicht einmal sonderlich als Problem aufgefallen zu sein scheint, deutet inzwischen Einiges darauf hin, dass es aufgrund der Enthüllungen über den »NSU«-Terror und des für die Stadt zunehmenden Imageschadens zu einem ersten zaghaften Umdenken beim Umgang mit rechter Gewalt kommt. So wollen Stadt Dortmund, Polizei und Justiz, eigenen Angaben zufolge, zukünftig konzentrierter gegen die gewalttätige rechte Szene vorgehen. Unter dem Motto »Kein Raum für Rechtsextreme« wurde eine »Task Force« ins Leben gerufen, um den Druck auf die Neonazis zu erhöhen. Selbst Norbert Wesseler, Nachfolger Schulzes im Amt des Polizeipräsidenten, sah sich genötigt, klarzustellen, dass »friedliche Sitzblockaden als Mittel der Meinungsäußerung vom Bundesverfassungsgericht anerkannt« seien. Während das Verhältnis zwischen dem Dortmunder Oberbürgermeister Ullrich Sierau (SPD) und dem ehemaligen Polizeipräsidenten Schulze als belastet galt, scheint es zwischen Wesseler und Sierau keine nennenswerten Differenzen im

Kampf gegen den rechten Straßenterror zu geben. So kündigte der Oberbürgermeister wortgewaltig an, er wolle »den rechten Sumpf in Dortmund austrocknen«. Ende Dezember 2011 war Sierau selbst ins Visier der Neonazis geraten. Als Weihnachtsmänner verkleidet suchten sie sein Privathaus auf und überbrachten seiner Frau ein mit Begleitbrief und der Drohung »Wir vergessen niemanden« versehenes Geschenkpaket, das laut Bekennerschreiben im Internet unter anderem Schulhof-CDs mit Nazimusik für seine Kinder enthielt.

Als ersten Schritt im Kampf gegen die »Autonomen Nationalisten« kündigte die Stadt Anfang 2012 den neofaschistischen Mietern eines Mehrfamilienhauses in der Rheinischen Straße 135 für Ende Februar die Räumlichkeiten wegen Eigenbedarfs. Die Stadtverwaltung hatte das in Dortmund-Dorstfeld gelegene Gebäude, in dem sich auch ein von den Rechten genutztes Ladenlokal befindet, vor gut einem Jahr erworben, um dort einen Jugendtreff einzurichten.

Offenbar war sogar selbst dem nordrhein-westfälischen Innenminister Jäger in Folge der immer lauter werdenden öffentlichen Kritik aufgefallen, dass in Dortmund dringender Handlungsbedarf besteht. Im Rahmen eines von ihm im Dezember 2011 angekündigten »Acht-Punkte-Programmes gegen Rechtsextremismus« versprach er, als Konsequenz aus den bekannt gewordenen Morden und Bombenanschlägen des »NSU« unter anderem eine Initiative bei der Innenministerkonferenz starten zu wollen, der zufolge künftig alle von Neofaschisten begangenen Straftaten mit Verweis auf die Einstellung der Täter in die polizeiliche Kriminalitätsstatistik aufgenommen werden sollen. Bisher werden Straftaten nur dann den Rechten zugeschrieben, wenn sie von den Behörden als politisch motiviert eingeordnet werden. Der polizeiliche Staatsschutz soll in Zukunft außerdem alle Straftaten – also auch solche der allgemeinen Kriminalität – von gewaltbereiten Neonazis täterbezogen bearbeiten. Um diesen den Besitz von Schusswaffen zu erschweren, brachte Jäger auch eine Verschärfung des Waffenrechts ins Gespräch. »Wir werden massiv und systematisch gegen die Neonazinetzwerke vorgehen, um gefährliche Entwicklungen im Keim zu ersticken«, hatte Jäger bei der Vorstellung seines Aktionsprogrammes angekündigt.

Zudem soll im NRW-Landeskriminalamt ein »Kompetenzzentrum gegen Rechtsextremismus« installiert werden. In den Hochburgen der Rechten, Dortmund, Aachen, Wuppertal und Köln, werden Sonderkommissionen mit insgesamt 35 zusätzlichen Ermittlern eingerichtet. Vertrauen in die Arbeit der dortigen Behörden sieht anders aus.

Aufklärungsbedarf auch in NRW

Sogar die im Jahr 2000 von Michael Berger verübten Polizistenmorde sollen nun – etwa zwölf Jahre nach der Tat – neu aufgerollt werden. Allerdings weigert sich die nordrhein-westfälische Minderheitsregierung aus SPD und Grünen bis heute, diese Morde in die offiziellen Statistiken zu rechter Gewalt aufzunehmen. Ebenso verhält es sich mit der Tötung des Punks Thomas Schulz.

In bezeichnendem Kontrast zu seinen mannigfaltigen Ankündigungen drückt sich Innenminister Jäger nach wie vor, Licht ins Dunkel der vom NRW-Verfassungsschutz betrieben »V-Leute«-Praxis zu bringen. So stünde es einer »rot-grünen« Landesregierung, wenn sie mit dem Kampf gegen rechte Gewalt Ernst machen will, gut zu Gesicht, die Rolle des »V-Mannes« Sebastian Seemann lückenlos aufzuklären und endlich öffentlich klarzustellen, ob der mehrfache Polizistenmörder Berger ebenfalls in geheimdienstlichem Sold stand.

Aber auch bezüglich einer möglichen Verstrickung zwischen militanten Nazis aus Nordrhein-Westfalen und der mindestens aus Uwe Mundlos, Beate Zschäpe und Uwe Böhnhardt bestehenden Zwickauer »NSU«-Zelle sollte der Innenminister für umgehende Aufklärung sorgen. So berichtete der Westdeutsche Rundfunk bereits am 20. November 2011 in der Sendung *Westpol,* dass die drei Naziterroristen 2009 an einem Treffen in Erftstadt bei Köln teilgenommen hätten. Dort soll der bekannte Kölner Neofaschist Axel Reitz, der über Kontakte zum mutmaßlichen »NSU«-Unterstützer Thomas Gerlach und dem am 29. November 2011 festgenommenen Ralf Wohlleben verfügen soll, das Trio laut Bericht eines Augenzeugen persönlich begrüßt haben. Nach Informationen einer antifaschistischen Gruppe aus Köln soll der

»bekannte Erftstädter Neonazi Sebastian Ziesemann bei der besagten Veranstaltung im Jahre 2009 Fotos« gemacht haben. Es sei gut möglich, dass diese »sich bereits im Besitz der Ermittlungsbehörden« befänden, so die Nazigegner, »da bei Ziesemann bereits am 15. Oktober eine Hausdurchsuchung durchgeführt wurde, bei der unter anderem Computer und Speicherkarten eines Fotoapparates beschlagnahmt« worden sein sollen. Neben Ziesemann soll auch Sebastian Diehl von den Freien Nationalisten Siegerland, bei der Veranstaltung gefilmt haben. Er ist Informationen der Nazigegner zufolge »einer der Betreiber des Neonazi-Medienprojektes ›medinest-west‹« (Quelle: Pressemitteilung der Antifa Koordination Köln & Umland vom 30. November 2011).

Innenminister Jäger wird sich also an seinen Taten und nicht an seinen bisherigen Ankündigungen messen lassen müssen.

4. Zwischen Sympathie, Schockstarre und Furcht vor Konsequenzen – Die Neonazis und die »NSU«-Enthüllungen

Es ist ein Gefühl zwischen klammheimlicher Freude und Hochachtung und der Furcht vor staatlicher Verfolgung, das sich in den vergangenen Wochen und Monaten in der Naziszene der Bundesrepublik breit gemacht hat. Je nach Grad der individuell vorhandenen politischen Intelligenz positionieren sich die Anhänger der unterschiedlichen rechten Strömungen. Während etwa die antimuslimischen Rassisten der selbsternannten Bürgerbewegung »Pro Deutschland« und der Internetseite »Politically Incorrect« die dem »NSU« zugeschriebenen Verbrechen vordergründig verurteilen, da sie fürchten, dass der neofaschistische Terrorismus ihre eigene politische Ausgangslage bezüglich der Hetze gegen Muslime verschlechtern könnte, finden sich in manchen neonazistischen Foren Erklärungen, in denen zumindest unterschwellig die »Propaganda der Tat« begrüßt wird.

Im sogenannten »Thiazi-Forum« überwog indes alles andere als Intelligenz. In einem Diskussionsstrang des Naziforums gab ein Nutzer etwa zu erkennen, dass die drei Mitglieder der »Zwickauer Terrorzelle« einer Handvoll Gesinnungsgenossen bekannt gewesen seien. Zudem behauptet er, dass Beate Zschäpe nicht plötzlich untergetaucht sei, sondern bis 2002 gemeinsam mit einem bisher öffentlich nirgendwo erwähnten Mann in Dresden gelebt und in einem Kaufhaus gearbeitet habe. 2003 soll das Paar dann nach Chemnitz umgezogen sein. Uwe Böhnhardt hingegen wäre als Paketfahrer tätig gewesen, so der Nutzer weiter, der – ungeachtet des Wahrheitsgehaltes seiner Aussagen – das Bundeskriminalamt auf sich aufmerksam gemacht hat, welches die Informationen in seine Ermittlungen einbezogen hat.

Gänzlich anders sieht es dagegen bei der neofaschistischen NPD aus, die sich von der Wahl ihres neuen Bundesvorsitzenden Holger Apfel, der zugleich Fraktionschef seiner Partei im sächsischen Landtag ist, am 12. November 2011 einen politischen Aufschwung erhofft hatte. Sicherlich wird es an der Basis der NPD auch Sympathisanten und Mitglieder geben, die es so schlecht nicht finden, dass nach den Morden des »NSU« neun Migranten weniger in der Bundesrepublik leben. Der politischen Führungsriege ist jedoch vollkommen klar, wie bedrohlich die aktuellen Debatten um einen neuen Anlauf in Sachen NPD-Verbot bzw. bezüglich zukünftig drohender verstärkter staatlicher Maßnahmen gegen rechte Gewalttäter tatsächlich ist. Zwar versucht die Partei mit aller Macht den Eindruck zu erwecken, dass zwischen ihr und dem braunen Terrornetzwerk des »NSU« keinerlei Verbindung bestanden habe, was jedoch als wenig glaubwürdig gilt.

Sowohl der Bundesvorstand der neofaschistischen Partei als auch deren Landtagsfraktionen in Sachsen und Mecklenburg-Vorpommern orientieren daher darauf, maßgeblich die Verstrickung der Inlandsgeheimdienste in den »NSU«-Terror zu thematisieren, und greifen dabei – keineswegs ungeschickt – unbeantwortete Fragen und Widersprüche auf, die die Sicherheitsbehörden bis heute nicht beantwortet haben.

»Der ganze Fall ›NSU‹ – von vorne bis hinten – wirkt, wenn man die einzelnen Puzzleteile zusammenfügt, wie ein schlechter Hollywood-

Film. Alles riecht nach Inszenierung. Terroristen, die mehr als ein Jahrzehnt Anschläge begehen, ohne dass es jemand merkt, ohne ein Bekennerschreiben – das gab es noch nie in der Geschichte der Bundesrepublik. Und ganz plötzlich, nach dem Tod von Mundlos und Böhnhardt tauchen in ganz Deutschland vier Jahre alte Videos auf, die nun als Bekenntnis herhalten sollen. Dummerweise findet sich im ganzen ›Bekennervideo‹ kein einziger Hinweis, dass wirklich die Drei aus Zwickau die Taten begangen haben. Auch wenn das halbe Wohnhaus der ›Terroristen‹ in Zwickau explodiert ist und über Stunden gebrannt hat, die Bekennervideos waren unversehrt und fein säuberlich verpackt – adressiert an linke Medien und islamische Kulturzentren«, konstatierte etwa die Thüringer NPD.

In einem Mitte Dezember 2011 veröffentlichten Interview mit der NPD-Parteizeitung *Deutsche Stimme* argumentierte Holger Apfel ähnlich und verwies auf die Verstrickungen des Verfassungsschutzes (VS) in die »NSU«-Verbrechen. »Ginge es den Etablierten ernsthaft um die Aufdeckung der wirklichen Hintergründe, würden sie ihren Fokus nicht auf die NPD, sondern auf den VS richten. War nicht ein Agent mit dem Spitznamen ›Kleiner Adolf‹ bei einem der Döner-Morde anwesend – und besteht nicht der Verdacht, dass er auch bei fünf weiteren Morden vor Ort war? Wie früher bei der RAF lieferten möglicherweise V-Leute Sprengstoff und Waffen an sogenannte ›Rechtsterroristen‹. Denken wir ans ›Celler Loch‹, die angebliche Befreiungsaktion eines Terroristen, bei dem die Täter als V-Leute entlarvt wurden. (…) Auch bei den Anschlägen von Solingen und beim Oktoberfest-Attentat waren wohl Geheimdienstler tief verstrickt. Ähnliche Fälle ziehen sich wie eine Blutspur durch die Geschichte der BRD«, so der NPD-Bundesvorsitzende.

Bereits im November 2011 hatte Apfel zum großen Rundumschlag gegen den bundesdeutschen Inlandsgeheimdienst ausgeholt: »Ein Geheimdienst, der über Leichen geht und offenbar ein solches Eigenleben entwickelt, dass er außer Kontrolle geraten ist und wie ein Staat im Staate agiert, ein solcher VS gehört nicht nur an die kurze Leine gelegt, wie es von manchen gefordert wird – nein, ein solcher Geheimdienst gehört aufgelöst, bevor er weitere Untaten anrichten und unser

Gemeinwesen schwer beschädigen kann. Nicht die NPD sollte auf der Tagesordnung stehen, sondern das Abschalten dieser gemeingefährlichen und kriminellen Organisation namens ›Verfassungsschutz‹, der Staatsterrorismus betreibt«, so der NPD-Fraktionschef in einer Rede vor dem sächsischen Landtag.

Zwar vermag es der Neonazi durchaus, richtige Fragestellungen aufzuwerfen, es gelingt ihm dabei jedoch keineswegs, seine Motivlage zu verschleiern. Hinzu kommt, dass die NPD tatsächlich in die militanten Neonazinetzwerke – wie etwa das »Freie Netz« in Sachsen – verstrickt ist und nicht wenige ihrer Mitglieder und Funktionsträger wegen Gewaltdelikten vorbestraft sind.

Dass sich Apfel indes überhaupt in der für ihn behaglichen Situation befindet, seine Partei als Opfer krimineller und staatsterroristischer Geheimdienste zu inszenieren, ist in letzter Konsequenz von der etablierten Politik und ihren Polizei-, Geheimdienst- und sonstigen Sicherheitsbehörden selbst verschuldet. So tragen die Behörden aufgrund ihrer Verstrickungen in das braune Milieu, ihrer kriminellen »V-Leute«-Praxis und ihrer inkompetenten und plumpen Allgemeinplätze in der Auseinandersetzung mit Neofaschismus dazu bei, dass sich Apfel überhaupt als verfolgte Unschuld darstellen kann. Dass die Inlandsgeheimdienste auch nach dem Scheitern des ersten NPD-Verbotsverfahrens 2003 nichts an ihrer Praxis im Umgang mit »V-Leuten« geändert haben, bringt die NPD zudem in die komfortable Situation, einem neuen Anlauf zu einem Parteienverbot gelassen entgegenzusehen, was sie tatsächlich auch tut. So rief Apfel dazu auf, sich »nicht vom Geschrei profilierungssüchtiger Politiker und Journalisten verunsichern lassen« und an die Zeit des ersten Verbotsverfahrens zurückzudenken. »Nur ein Jahr später zog die NPD mit 9,2 Prozent in Sachsen ein, trotz aller Verleumdung, trotz Medienhetze, trotz unappetitlicher Debatte um die Infiltration von V-Leuten«, erinnerte der Parteichef, der im Vorfeld zu seiner Wahl mit der Losung von einer »seriösen Radikalität« für sich geworben hatte.

So unterschiedlich die politisch motivierten Aktivitäten von Apfel, Mundlos, Böhnhardt und Zschäpe im Einzelfall auch immer seien mögen, sie entspringen doch immer dem gleichen braunen Sumpf.

So ist es kein Wunder, dass im Dezember 2011 ein Foto auftauchte, welches den NPD-Chef Apfel gemeinsam mit der derzeit inhaftierten »NSU«-Mitbegründerin Zschäpe bei einem nicht angemeldeten »Gedenkmarsch« für den Hitler-Stellvertreter Rudolf Heß am 17. August 1996 in Worms zeigt. Auch der »NSU«-Mitbegründer Uwe Mundlos hatte an der Demonstration teilgenommen. Dies belegt weiteres Bildmaterial. Das Mainzer Innenministerium erklärte außerdem, dass auch die »NSU«-Unterstützer Ralf Wohlleben und Holger Gerlach bei der damaligen Huldigung des NS-Verbrechers Heß zugegen waren. An dem Aufmarsch der insgesamt rund 250 Neonazis aus dem gesamten Bundesgebiet sollen des Weiteren auch etwa 50 Mitglieder des neofaschistischen »Thüringer Heimatschutzes« teilgenommen haben, dem ja auch Zschäpe, Böhnhardt und Mundlos Mitte der 1990er Jahre angehörten. Apfel hingegen wies die im Nachgang an die Bildveröffentlichung aufflammenden Vorwürfe gegen seine Person in einer Erklärung als »konstruierten Zusammenhang« und »Rufmord-Kampagne« zurück.

Ein sogenannter Dringlichkeitsantrag, den die sächsische NPD-Fraktion am 12. Januar 2012 in den dortigen Landtag einbrachte und in dem sie die Einrichtung eines Untersuchungsausschusses in Sachen »Nationalsozialistischer Untergrund« forderte, wurde indes von der Mehrheit der Landtagsabgeordneten am 25. Januar abgelehnt. Dies nutzte die neonazistische Fraktion erwartungsgemäß, um sich als einzigen »Aufklärer« in besagtem Themenkomplex aufzuspielen. Ähnliche parlamentarische Initiativen wurden selbstredend auch im Landtag von Mecklenburg-Vorpommern abgelehnt.

5. Mittendrin statt nur dabei: Die Schlapphüte und das braune Terrornetzwerk

Die offensichtliche Beteiligung der verschiedenen Inlandsgeheimdienste an den terroristischen Taten des »Nationalsozialistischen Untergrunds« wirft vielerlei Fragen auf, mit denen sich zukünftig nicht nur die Parlamentarischen Kontrollkommissionen bzw. -gremien der Landtage und des Bundestages sowie die auf Bundes- und Landesebene bereits beschlossenen Untersuchungsausschüsse werden beschäftigen müssen, sondern die vor allem für die Öffentlichkeit von Interesse sein sollten.

Zwar sind die Verfassungsschutzbehörden qua Gesetz dazu verpflichtet, die sogenannte »freiheitlich demokratische Grundordnung« der Bundesrepublik Deutschland zu schützen und vermeintliche Bestrebungen zu beobachten, die gegen das Grundgesetz gerichtet sind, die Realität sieht jedoch gänzlich anders aus, wie sich anhand der Enthüllungen in Sachen »NSU« leicht belegen lässt. So ist es keineswegs so, wie bisher gebetsmühlenartig von etablierter Politik und beteiligten Behörden behauptet, dass jenem Geheimdienst, der sich frecherweise mit dem Titel »Verfassungsschutz« schmückt, bezüglich des »NSU«-Terrors bloß ein paar Fehleinschätzungen und Pannen unterlaufen wären. Ohne offenkundige Kumpanei, historische Verflechtung mit rechten Personen und Organisationen und uferlosen Antikommunismus hätte es nie und nimmer zum größten Geheimdienstskandal in der Nachkriegsgeschichte der Bundesrepublik kommen können. Vor allem aber wäre die militante Neonaziszene nicht so stark, wie sie ist, wenn die Löhne, die die Geheimdienste den von ihnen installierten V-Leuten zahlen, nicht als eine Art staatlicher Transferleistung in den Aufbau der rechten Szenerie flössen, wie es etwa im Falls des beim »Thüringer Heimatschutz« aktiven V-Manns Tino Brandt (Deckname »Otto«) zutraf. Brandt, der von 1994 bis zu seiner Enttarnung 2001 insgesamt etwa 200.000 D-Mark Spitzellohn erhalten hatte, soll die ihm ausgezahlte »Aufwandsentschädigung« in die Etablierung rechtsextremer Strukturen investiert haben. Ob nicht zumindest Teile des Brandt-Geldes gar direkt dazu beitrugen, dass das »NSU«-Trio seinen Gang in den Untergrund finanzieren konnte, bleibt fraglich. Neben Brandt führten der Verfassungsschutz von Bund und Ländern und der Militärische Abschirmdienst der Bundeswehr insgesamt mindestens fünf V-Leute in den Reihen des »THS«.

Es sind das Bundesamt für Verfassungsschutz, der Militärische

Abschirmdienst, mindestens die Landesämter für Verfassungsschutz aus Thüringen, Sachsen, Hessen, Baden-Württemberg, Niedersachsen und Nordrhein-Westfalen, die eine erhebliche Mitschuld an der Ermordung der neun Migranten und der Erschießung der Polizeibeamtin Michèle Kiesewetter durch den »NSU« haben. Die Geheimdienste werden – darauf sind sie spezialisiert – alles Erdenkliche unternehmen, um die nach und nach enthüllten Vorgänge zu verschleiern. Sie werden weiter tricksen und lügen, damit ihr undemokratisches, verfassungswidriges, wenn nicht verbrecherisches Wirken im Dunkeln bleibt und die Existenz der staatlich hochsubventionierten Schlapphutgesellschaft von der Bevölkerung keinesfalls in Frage gestellt wird. Fernab der nachweisbaren Kumpanei zwischen staatlichen Diensten und militanten Neonazi-Netzwerken, sollte sich indes für jeden mündigen Bürger die Frage stellen, warum mittels seiner Steuern ein geheimdienstliches Geflecht finanziert wird, das weniger Informationen zum Thema Neofaschismus beigesteuert hat, als jeder beliebige regelmäßige Zeitungsleser sich erschließen kann. Es stellt sich daher durchaus die Frage, woraus eigentlich satte sechzehn Landesämter für Verfassungsschutz, ein gleichnamiges Bundesamt, der MAD, die verschiedenen Landeskriminalämter der Länder und das Bundeskriminalamt (BKA) überhaupt ihre Existenzberechtigung speisen, wenn ihre insgesamt mehrere tausend Mitarbeiter nicht in der Lage bzw. Willens sind, eine über insgesamt mehr als dreizehn Jahre mordend und raubend durchs gesamte Bundesgebiet ziehende Nazibande zu stoppen. Im Rahmen der »NSU«-Ermittlungen mussten Geheimdienste und Ermittlungsbehörden gar eingestehen, dass rund 160 bundesdeutsche Neonazis derzeit unauffindbar seien. Zuvor waren die Behörden in Erklärungsnöte geraten, weil sie die genaue Zahl der per Haftbefehl gesuchten Neofaschisten nicht nennen konnten, über deren Verbleib ihnen nichts bekannt ist.

Ähnlich argumentierte Heribert Prantl am 28. Januar 2012 in der *Süddeutschen Zeitung*: »Verfassungsschutz: Das ist ein irreführender, ein falscher Name. Falschnamen gehören in die Welt der Geheimdienste. Und Verfassungsschutz ist der Falschname für den deutschen Inlands-Geheimdienst. Man tut damit so, als sei er so etwas Ähnliches wie das Verfassungsgericht. Das ist eine Anmaßung. Alljährlich präsentiert der Bundesinnenminister einen ›Verfassungsschutzbericht‹, und er tritt dabei auf, als verkünde er ein höchstrichterliches Urteil. Es handelt sich aber nur um die von ihm redigierten Tätigkeitsberichte des Inlandsgeheimdienstes, die man – wie man seit der neonazistischen Mordserie weiß – insoweit auch Untätigkeitsberichte nennen kann. (…) Der Verfassungsschutz ist kein Verfassungsorgan, sondern ein Behördenkonglomerat, das im Geheimen operiert, von der Regierungspolitik dirigiert wird und von der Justiz nicht kontrolliert werden darf – dessen Überwachungskompetenzen in den vergangenen zehn Jahren aber erheblich ausgeweitet worden sind«, konstatierte der engagierte Journalist.

Mit willfähriger Unterstützung vieler Medien haben Politik, Verfassungsschutz und Polizei hingegen derzeit eine Art Gesinnungsgemeinschaft ins Leben gerufen, mit Hilfe derer sie der Bevölkerung weis machen wollen, dass es sich beim »NSU« um eine Handvoll rechter Einzeltäter gehandelt habe, die keineswegs von den Behörden protegiert worden seien. Auch Harald Range hatte nichts Besseres zu tun, als am 17. November 2011 bei seiner Amtseinführung als neuer Generalbundesanwalt zu betonen, »keine Anhaltspunkte« dafür zu haben, »dass der Verfassungsschutz mit Mitgliedern der Zwickauer Zelle zusammengearbeitet« habe. Damit erteilte er selbst jedweder Prüfung erhobener Vorwürfe eine förmliche Absage. Dafür kündigte der neue deutsche Chefankläger an, »zum fortdauernden Gedenken« an den 1977 von der Roten Armee Fraktion (RAF) erschossenen ehemaligen Generalbundesanwalt, das ehemalige NSDAP-Mitglied Siegfried Buback, einen gleichnamigen Preis auszuloben. In Frage für eine solche »Ehrung« käme sicherlich der bayerische Ministerpräsident Horst Seehofer. Der CSU-Politiker hatte sich noch zu Beginn des Jahres 2011 »bis zur letzten Patrone« sträuben wollen, dass »wir eine Zuwanderung in die deutschen Sozialsysteme bekommen«. Nun fürchtet er offenbar das zwischen ihm und der NPD aufgekommene Konkurrenzverhältnis und spricht sich formelhaft für deren Verbot aus.

Schlüsselfiguren

Aufgrund der ausgeprägten Zusammenarbeit des Thüringer Verfassungsschutzes – unter anderem mit dem bereits erwähnten »THS«-Funktionär Tino Brandt – dürfte nahezu ausgeschlossen sein, dass der Behörde der Aufenthaltsort von Mundlos, Böhnhardt und Zschäpe seit deren »Untertauchen« 1998 tatsächlich dauerhaft unbekannt gewesen ist. Bereits 1999 soll das Thüringer Landesamt dem Nazi-Trio das Angebot unterbreitet haben, Strafnachlass zu gewähren, sollte es sich den Behörden stellen. Auch sollen Böhnhardt, Mundlos und Zschäpe beispielsweise bereits seit 2001 – also zwei Jahre vor Ablauf der Verjährungsfrist für das Anbringen eines Sprengsatzes, den sie in einem mit einem Hakenkreuz bemalten Koffer deponiert hatten, vor dem Jenaer Theater – unbehelligt von den Behörden in der Polenzstraße im sächsischen Zwickau gewohnt haben. Anfang 2008 bezogen sie dann jenes Haus in der Frühlingsstraße 26, welches Zschäpe am 4. November 2011 in Brand steckte. Unmittelbar nach Verjährung des Jenaer Attentatsversuchs hatten sich die angeblich von den Behörden so intensiv gesuchten Neonazis 2003 über einen Anwalt bei der Staatsanwaltschaft Gera gemeldet. Was genau daraufhin im Behördenapparat geschah, ist unklar. Jedoch dürfte als ausgeschlossen gelten, dass die Staatsanwaltschaft Gera die Verfassungsschutz- und Landeskriminalämter in Thüringen und auch Sachsen nicht über die Meldung und den Aufenthaltsort der drei bekannten und zuvor per Zielfahndung gesuchten Straftäter in Kenntnis gesetzt hat.

Bereits nach deren Abtauchen im Februar 1998 hatten das Thüringer Landeskriminalamt und das dortige Landesamt für Verfassungsschutz (LfV) schließlich unabhängig voneinander Zielfahndungen nach den drei Neonazis eingeleitet. Dabei soll das LfV seinen V-Mann Tino Brandt sogar über die Observationsmaßnahmen der Polizei auf dem laufenden gehalten haben. Zwei Schlüsselfiguren, die somit einiges an Aufklärung in Sachen »NSU«-Terror beitragen könnten, wären daher besagter Tino Brandt, aber auch der ehemalige Präsident des Thüringer Verfassungsschutzes, Helmut Roewer. Unter dessen Leitung hatte die Behörde nicht nur den rechten Überzeugungstäter

Brandt als V-Mann an führender Stelle des neofaschistischen »Thüringer Heimatschutzes« installiert, in dessen Reihen auch Mundlos, Böhnhardt und Zschäpe zu finden waren.

Roewer, ehemaliger Panzeroffizier der Bundeswehr, der inzwischen im als rechtsextrem eingestuften *Ares-Verlag* aus Graz publiziert, war von 1994 bis Herbst 2000 Präsident des Thüringer Verfassungsschutzes und hat sich offenbar seit jeher berufen gefühlt, den Kampf gegen die politische Linke aufzunehmen, während die Beobachtung der »rechten Szene« unter seiner Behördenleitung zwar kostenintensiv, aber nur wenig ergiebig war. Mittlerweile drängt sich ob der bisher zu Tage getretenen Enthüllungen über die »Causa Roewer« tatsächlich die Frage auf, ob dieser nicht gar mit rechten Aktivisten wie Brandt sympathisierte. Nicht anders dürfte sich Roewers Publizistentätigkeit für den erwähnten *Ares-Verlag* deuten lassen. In einem 2010 dort erschienenen Buch vertritt er beispielsweise die Präventivkriegsthese für den deutschen Überfall auf die Sowjetunion 1941, das heißt die in Bundeswehr und deutschen Amtsstuben äußerst populäre Auffassung, Hitler sei nur einem Angriff Stalins zuvorgekommen. Unter der Leitung Roewers produzierte der Thüringer Verfassungsschutz einen Film zu »politischem Extremismus« für den Schulunterricht. Darin wurden autonome Antifaschisten als gewaltbereit diffamiert, während ausgerechnet V-Mann und »THS«-Kopf Tino Brandt ein Bekenntnis zu prinzipieller Gewaltlosigkeit neofaschistischer Gruppen abgeben durfte. Bereits 1999 war Roewer mit der öffentlichen Äußerung aufgefallen, dass der sogenannte Nationalsozialismus »gute und auch schlechte Seiten« gehabt habe und Neonazis im Gegensatz zu Antifaschisten »unproblematische Gruppen« seien. Die Verharmlosung des faschistischen Terrors kostete Roewer jedoch nicht seinen Job. Erst 2000 wurde er wegen verschiedener anderer Skandale suspendiert, unter anderem deswegen, weil er höchst eigenwillig mit der Zahlung von Honoraren für die V-Leute hantiert haben soll. Ein gegen ihn geführter Prozess wegen Untreue war 2008 wegen seiner angeblichen dauerhaften Verhandlungsunfähigkeit erst vorläufig – und 2010 gegen Zahlung einer Geldstrafe von 3.000 Euro endgültig eingestellt worden.

Ein weiterer Grund für die Suspendierung Roewers war, dass die

Behörde unter seiner Leitung über den Zeitraum von mindestens eineinhalb Jahren den vorbestraften Neofaschisten Thomas Dienel als V-Mann nutzte. Dieser beteuerte hingegen, sich des Verfassungsschutzes für seine Zwecke bedient zu haben. So wird er in einer im Jahr 2000 erschienenen Ausgabe des Hamburger Magazins *Spiegel* mit der Aussage zitiert, dass er die Geheimdienstler »als Informationsquelle abgeschöpft« habe. Außerdem habe die Behörde ihm im Herbst 1997 eine Flugblattkampagne gegen den damaligen stellvertretenden Landesvorsitzenden der Gewerkschaft Handel, Banken und Versicherungen finanziert. Und ein Verfahren zur Aberkennung der bürgerlichen Grundrechte, das seit 1992 gegen Dienel beim Verfassungsgericht in Karlsruhe lief, sei »mit Hilfe seiner Mentoren vier Jahre später erledigt worden«.

Der damalige Thüringer Innenminister Christian Köckert (CDU), dem in der »Causa Dienel« stets mangelnder Aufklärungswille vorgeworfen worden war, geriet bereits kurze Zeit später wieder in die Schlagzeilen, als bekannt wurde, dass er den Inlandsgeheimdienst auf den engagierten Abgeordneten Steffen Dittes angesetzt hatte, der seinerzeit für die PDS im Thüringer Landtag saß. So erfuhr die Öffentlichkeit, dass Roewer noch als Chef des thüringischen Verfassungsschutzes dem Innenminister, wie »von Ihnen erbeten«, ein Dossier über Dittes zusammentragen ließ.

Bereits in Folge eines am 20. April 2000 verübten Anschlages auf die Synagoge in Erfurt hatten verschiedene Hochschullehrer und Rechtsextremismusforscher in einer gemeinsamen Erklärung die damalige Landesregierung und den Verfassungsschutz kritisiert. Politik und Behörden hatten zuvor propagiert, dass der antisemitische Angriff von »Linksextremisten« verübt worden sei, die einen »rechtsextremen Hintergrund« nur vorgetäuscht hätten.

Verfassungsschutz Teil des Terrornetzwerkes?

Mehrfach wurde indes auch über eine mögliche Zusammenarbeit Beate Zschäpes mit dem Verfassungsschutz spekuliert. Ihr Anwalt, Wolfgang Heer, antwortete in einem im Dezember 2011 bei *Spiegel*

Online veröffentlichten Interview auf die Frage, ob das rechte Trio jemals für den Verfassungsschutz gearbeitet habe, dass er, »was Frau Zschäpe betrifft«, die Frage »nicht beantworten« werde. Die *Leipziger Volkszeitung* hatte schon am 29. November 2011 unter Berufung auf Hinweise aus dem Thüringer Landeskriminalamt berichtet, Zschäpe habe im Dienst des Thüringer Verfassungsschutzes gestanden. Als Gegenleistung für Informationen, die sie weitergegeben habe, soll sie von der dortigen Behörde vor strafrechtlicher Verfolgung geschützt worden sein, hieß es. Auch sollen bis 2003 weitere Kontakte zwischen dem Landesamt für Verfassungsschutz und Vertrauten von Zschäpe bestanden haben.

Thomas Sippel, der heutige Präsident des Thüringer Landesamtes für Verfassungsschutz, bestritt indes laut Protokoll der nichtöffentlichen Sitzung des Bundestagsinnenausschusses am 21. November 2011, dass die von ihm geleitete Behörde »eine nachrichtendienstliche Verbindung mit dem Trio unterhalten und es gar beim Abtauchen unterstützt« habe, »etwa durch die Überlassung sogenannter Tarnpapiere«. Und weiter: »Ich bin dieser Behauptung schon unmittelbar nach meinem Dienstantritt in Thüringen nachgegangen und habe mir dienstliche Erklärungen von maßgeblichen Mitarbeitern abgeben lassen. Ich habe auch die Unterlagen des Amtes hieraufhin überprüft. Es haben sich keine Hinweise ergeben, die diese Vermutung bestätigten«, so Thüringens oberster Verfassungsschützer.

Ähnlich äußerte sich in gleicher Sitzung der Präsident des Bundesamtes für Verfassungsschutz (BfV), Heinz Fromm. Dieser betonte laut Protokoll, »dass unsere Überprüfung und unsere Recherchen in Bezug auf die jetzt Beschuldigten – einschließlich der beiden Toten – ergeben haben, dass sie erstens nicht als Quellen des BfV geführt worden sind und dass sie zweitens auch nicht im Zuge der Werbungsmaßnahmen angesprochen worden sind. Das heißt, es hat – so ist das Ergebnis der Aktendurchsicht – zu diesen Personen, also zu den beiden Toten, der inhaftierten Dame, (…) keine solchen Kontakte gegeben. Das kann ich hier feststellen«.

Deutlich wurde indes im Verlauf der gesamten Sitzung, dass alle anwesenden Verfassungsschützer von sich aus keine Fehler ihrer jeweiligen Behörden einräumen werden und – mit Verweis auf laufende Untersuchungen in Untersuchungsausschüssen und Parlamentarischen Kontrollgremien und -kommissionen – auch detailliertere Aussagen vermeiden. So konstatierte etwa Thomas Sippel, dass »ob und gegebenenfalls welche Fehler Thüringer Behörden bei den Ermittlungsmaßnahmen unterlaufen sind«, derzeit »in Thüringen untersucht« werde, »zum einen durch eine Untersuchungskommission, die der Thüringer Innenminister eingesetzt hat und die von einem erfahrenen Ermittler, Herrn Vorsitzenden Richter am BGH a.D. Dr. Gerhard Schäfer, geleitet wird, und zum anderen durch die Parlamentarische Kontrollkommission des Thüringer Landtags, die in dieser Angelegenheit bereits zweimal getagt hat und der unter anderem auch Akteneinsicht zugesichert wurde«.

Der »Kleine Adolf« im Dienste des hessischen Verfassungsschutzes

Neben dem äußerst zweifelhaft agierenden Thüringer Verfassungsschutz spielen indes besonders die Aktivitäten des bis zu seiner Suspendierung hauptamtlich für den Hessischen Verfassungsschutz arbeitenden Andreas T. eine Rolle. Dieser ist aufgrund seiner extrem rechten Gesinnung in seinem Wohnort Hofgeismar unter dem Spitznamen »Kleiner Adolf« bekannt. Der als Waffennarr geltende Mann war am 21. April 2006 kurzzeitig unter Mordverdacht festgenommen worden, weil er während des vom »NSU« am 6. April 2006 verübten Mordes an Halit Yozgat am Tatort zugegen war. Angeblich meldete sich der Verfassungsschützer nur deshalb nicht als Zeuge, weil er im Internetcafé des Mordopfers sexuelle Interessen verfolgt habe, von denen seine Lebensgefährtin nichts habe erfahren sollte. Anhand von am Tatort gefundenem DNS-Material hatten ihn die Strafverfolgungsbehörden damals ausfindig machen können. Bei einer Hausdurchsuchung war bei ihm unter anderem Literatur über Serienmorde gefunden worden. Jedoch hatte die Staatsanwaltschaft Kassel das Ermittlungsverfahren im Januar 2007 eingestellt, da dem Mann kein Zusammenhang mit der Tat nachgewiesen werden könne. Schon in einer Innenausschuss-Sitzung des hessischen Landtages im Jahr 2006, in der es um den Mord in Kassel ging, soll es der damalige Innenminister Volker Bouffier (CDU), heute Hessens Ministerpräsident, mit der Wahrheit nicht so genau genommen haben. So verheimlichte Bouffier sowohl, dass bei der im gleichen Jahr bei dem Verfassungsschutzmitarbeiter durchgeführten Durchsuchung auch Waffen gefunden worden seien, als auch, dass es sich bei diesem um einen »bekennenden Rechtsradikalen« handelte, kritisierte die hessische Linksfraktion.

Erstmals äußerte sich Catrin Rieband, stellvertretende Leiterin des Landesamtes für Verfassungsschutz Hessen, in der bereits mehrfach erwähnten nichtöffentlichen Sitzung des Bundestagsinnenausschusses am 21. November 2011 ausführlicher zu der »Causa ›Kleiner Adolf‹«. Die *Bild*-Zeitung hatte am 17. November 2011 exklusiv gemeldet, Bewegungsprofile der Polizei hätten ergeben, dass T. an insgesamt sechs Tatorten der »NSU«-Morde zugegen gewesen sein solle. Seine vorläufige Festnahme hatte das Ende der rassistischen Mordserie – die Erschießung der Polizistin Michèle Kiesewetter fiel aus dem Rahmen – markiert. Von daher sei an dieser Stelle ausführlich aus den im Protokoll der erwähnten Sitzung dokumentierten Äußerungen von Catrin Rieband, die die Meldungen der *Bild*-Zeitung bestritt, zitiert:

»Der Internetcafébetreiber Halit Yozgat wurde am 06.04.2006 gegen 17 Uhr in seinem Internetcafé in Kassel erschossen. Er saß zur Tatzeit an seinem Schreibtisch im vorderen Raum des Cafés und fiel nach den Schüssen tot hinter bzw. unter den Schreibtisch. In einer Telefonzelle in diesem vorderen Raum befand sich zur Tatzeit ein Zeuge und telefonierte. Zwei weitere Zeugen surften im hinteren Raum des Cafés im Internet. Eine Frau mit Kleinkind telefonierte in einem Telefonraum zwischen dem vorderen und dem hinteren Raum. Alle diese Zeugen haben später erklärt, sie hätten gegen 17 Uhr laute Geräusche gehört, diese aber nicht als Schüsse erkannt. Der Vater des Geschädigten fand seinen Sohn, als er gegen 17.03 Uhr im Internetcafé erschien, um diesen dort abzulösen. Dabei traf er auf den Zeugen, der im vorderen Raum telefoniert hatte. Dieser stand in einem gewissen Abstand vom Schreibtisch und hatte das Opfer noch nicht bemerkt. Die anderen Zeugen befanden sich zu diesem Zeitpunkt immer noch in dem hinteren bzw. in dem Zwischenraum. Einer dieser Zeugen machte dann am 12.04., also sechs Tage nach der Tat, Angaben zu einer weiteren Person, also zu einem sechsten möglichen Zeugen, der sich möglicherweise zur Tatzeit auch in dem Internetcafé aufgehalten haben sollte. Es erfolgte dann eine Auswertung des von dieser Person benutzten Internetarbeitsplatzes. Daraus konnte man letztlich am 18.04. ermitteln, dass es sich bei dieser Person um einen damaligen Mitarbeiter des LfV Hessen gehandelt hatte. Dieser hatte sich trotz eines zwischenzeitlich erfolgten öffentlichen Zeugenaufrufes nicht bei den Ermittlungsbehörden gemeldet. Es erfolgten dann operative Maßnahmen in Bezug auf diesen damaligen Mitarbeiter des LfV seitens der Polizei. Am 21.04. wurden die Wohnräume dieses damaligen Mitarbeiters und seine Zweitwohnung im Haus seiner Eltern sowie sein Büro in unseren Diensträumen durchsucht. Der Mann wurde vorläufig festgenommen, dann in Anwesenheit des Staatsanwaltes mehrfach vernommen und am 22.04. aus der Haft entlassen. Es wurden dann umfassende Strukturermittlungen zu seiner Person und einer möglichen Involvierung in das Tatgeschehen durchgeführt, ohne dass sich hier ein Tatverdacht erhärten ließ. Letztlich ist das Verfahren gegen ihn am 18.01.2007 eingestellt worden.

Zu den einzelnen Aussagen und Tatkomplexen, die auch über die Presse immer wieder ein Thema waren, lassen Sie mich Folgendes ausführen: Der Mitarbeiter wurde natürlich von der Polizei dazu befragt, wie er seine Situation in dem Internetcafé zum Tattag beschrieb. Die Angaben, die er dort machte, waren die folgenden: Er habe sich in dem Internetcafé am 06.04. aufgehalten, um eine Internetkontaktseite aufzurufen. Beim Betreten des Cafés sei ihm von Halit Yozgat ein entsprechender Platz an einem Rechner zugewiesen worden. Als er nach wenigen Minuten Aufenthalt bezahlen wollte, habe er Herrn Yozgat nicht an dessen Schreibtisch angetroffen, 50 Cent auf den Schreibtisch gelegt – diese wurden auch letztlich nachher am Tatort gefunden – und dann das Internetcafé verlassen. Er gab in diesen Befragungen im Jahr 2006 an, während seines Aufenthalts im Internetcafé keine Schussgeräusche wahrgenommen zu haben. Von der

Tat habe er dann letztlich erst am 09.04. aus der Presse erfahren, sei aber zu diesem Zeitpunkt der Meinung gewesen, er sei bereits am Mittwoch, den 05.04., im Internetcafé gewesen, habe also die Daten verwechselt und komme deshalb als Zeuge nicht in Betracht. Dies sei auch der Grund gewesen, warum er sich nicht bei der Polizei gemeldet und als Zeuge zur Verfügung gestellt habe. Der Mitarbeiter hat dann ausgesagt, er sei regelmäßiger Besucher des Internetcafés gewesen, circa seit 2004. Das hat im Übrigen wohl auch der Vater des Geschädigten in den damaligen Ermittlungen bestätigt. Nachdem das Verfahren im Jahr 2007 eingestellt wurde, wurde unter anderem auch dieser damalige Mitarbeiter unseres Hauses noch einmal von der Polizei vernommen, und zwar circa zwei Jahre später, im Januar 2009. Man hat im Zuge der Ermittlungen die Zeugen aus dem Internetcafé später nochmals vernommen, so eben auch unseren damaligen Mitarbeiter. Der damalige Mitarbeiter hat in diesem Zusammenhang dann gesagt, er habe also zwischenzeitlich einen Psychologen aufgesucht, und nach Gesprächen mit diesem könne er nicht ausschließen, dass er Wahrnehmungen im Internetcafé, die vor allem Schussgeräusche betrafen, vielleicht verdrängt habe. Es wurde daraufhin mit seinem Einverständnis und in Absprache mit der Staatsanwaltschaft am 27. Januar 2009 ein kognitives Interview mit ihm durchgeführt unter Beteiligung eines Psychologen des entsprechenden polizeilichen psychologischen Dienstes. Kognitives Interview heißt, es wurde eine zielgerichtete Rückführung auf den gesamten Ablauf des relevanten Tages durchgeführt. Während dieses Interviews gab der Mitarbeiter an, er habe vielleicht doch ein lautes Geräusch gehört. Es sei eher ein Poltern gewesen, als würden Möbel gerückt. Es sei aus seiner Sicht auf keinen Fall ein Schussgeräusch gewesen. Ich rufe noch einmal in Erinnerung: Auch die anderen Zeugen haben das Geräusch, das sie gehört haben, nicht als Schussgeräusch erkannt. Es könne aber auch sein, dass er sich nachträglich jetzt einrede, etwas gehört zu haben, weil alle anderen Zeugen ja auch etwas gehört hätten. Letztlich muss man insoweit feststellen, dass aufgrund der Einbuchungen im Internet das Zeitfenster nachvollzogen werden konnte, zu dem sich unser damaliger Mitarbeiter in dem Internetcafé befunden hat. Er hatte ursprünglich gemeint, er habe das Café vor der Tatbegehung, also vor Abgabe der Schüsse, verlassen. Das wäre ein sehr kurzes Zeitfenster, das dann nur bliebe. Es wurde insofern aber letztlich auch nicht abschließend nachgewiesen, dass er tatsächlich, während die Schüsse gefallen sein müssen, noch im Internetcafé war. Es ließ sich letztlich mit allen Möglichkeiten der Ermittlungen abschließend nicht klären, ob der Mitarbeiter, während die Schüsse fielen, noch im Internetcafé war oder es tatsächlich ganz knapp vorher bereits verlassen hatte.

Zu der Frage ›Aufenthalt an anderen Tatorten der Mordserie‹. Dazu ist in der Presse vieles geschrieben worden: Es seien Bewegungsprofile dieses Mannes erstellt worden und ähnliche Dinge, und er sei an sechs von acht Tatorten festgestellt worden. Das ist unzutreffend. Es ist, wie in Mordserien üblich, eine Nachzeichnung des Lebenslaufes der Person erfolgt. Dabei hat man sich natürlich deutlich auf die Tatzeiten der Serie konzentriert. Die Überprüfung ergab insoweit Folgendes: Für vier der acht Fälle gibt es ein eindeutiges Alibi. Da kann nachweisbar der Betroffene nicht in der Nähe der anderen Tatorte gewesen sein. Für die anderen vier Fälle gibt es deutliche Indizien, dass er nicht an diesen Tatorten gewesen sein kann. Die haben sich allerdings nicht so weit verfestigen lassen, dass man sie bereits als definitives Alibi bezeichnen kann. Insgesamt gibt es aber aus den Ermittlungen aus 2006 bis Anfang 2007 keine Hinweise darauf, dass der Mann Verbindungen zu einem der anderen Tatorte gehabt hat. Das bestätigt auch die Einstellungsverfügung der Staatsanwaltschaft Kassel von Januar 2007.

Es ist in der Presse auch einiges darüber berichtet worden, dass dieser Mann angeblich in der rechtsextremistischen Szene aktiv gewesen sei bzw. entsprechende Positionen vertreten habe. Dazu Folgendes: Aus den Feststellungen der Polizei und der Staatsanwaltschaft ergab sich, als man 2006 in diesem Fallkomplex ermittelte, dass sich der Mitarbeiter offensichtlich in seiner Jugend besonders intensiv für den Nationalsozialismus interessiert hatte. Er hatte in seiner Schulzeit Maschinenabschriften von Texten aus der Zeit des Nationalsozialismus, unter anderem von *Mein Kampf*, gefertigt und hat Stempel und Unterschriften nachgezeichnet. Diese Materialien wurden bei der Durchsuchung 2006 in seinem Elternhaus, also im Bereich seines ehemaligen Jugendzimmers und den entsprechenden umliegenden Räumlichkeiten, die dazugehörten, gefunden. Dort hatte er eine Zweitwohnung, aber nicht mehr seine Hauptwohnung. Das heißt, es handelte sich um Sachen, die dort im Bereich seiner Jugendzeit angefallen waren.

Vorsitzender Wolfgang Bosbach: Eine Zwischenfrage: Welche Aufgabe hatte er bei Ihnen ehemals?

Catrin Rieband, Stellvertretende Leiterin des Landesamtes für Verfassungsschutz Hessen: Er war zu dem Zeitpunkt, über den wir hier reden, sogenannter V-Mann-Führer. Das heißt, er hat menschliche Quellen geführt.

(Zurufe: Welche? – Weiterer Zuruf: Welche Quellen?) – Er hat Quellen geführt mit Schwerpunkt im Bereich des Ausländerextremismus. Er hat eine Quelle im Bereich des Rechtsextremismus geführt, die entgegen der *Bild*-Berichterstattung nicht im ›Thüringer Heimatschutz‹ aktiv war. Der Mitarbeiter wurde natürlich bei uns zum Zeitpunkt seiner Einstellung nach dem üblichen Verfahren sicherheitsüberprüft. Es gab zu diesem Zeitpunkt – auch aus der Sicherheitsüberprüfung – keinerlei Hinweise darauf, dass der Mitarbeiter in rechten Kreisen verkehrt hätte oder entsprechende Positionen vertreten hätte. Solche Hinweise sind auch während seiner Beschäftigungszeit bei uns im Hause zu keinem Zeitpunkt angefallen. Im Jahr 2006, als man die entsprechenden Unterlagen im Bereich seines Elternhauses gefunden hat, kam dann offensichtlich im Bereich der Polizei erstmals auch ein Hinweis darauf auf, dass er in seiner Schulzeit »Klein Adolf« genannt worden sei. Den Hinweis auf diesen Spitznamen hat das LfV nach dem, was ich aus der Aktenlage nachvollziehen kann und soweit ich Leute dazu befragen konnte, die noch im Amt sind, 2006 nicht erhalten. Wir haben lediglich den Hinweis erhalten, dass es diese Maschinenabschriften, diese NS-Devotionalien bei ihm in seinem Elternhaus gegeben hat. Die entsprechenden Hinweise auf den Spitznamen »Klein Adolf« sind dem LfV erst im Zuge der aktuellen Nachermittlungen, das heißt am vorletzten Wochenende, bekannt geworden. Es gab – nochmals betont – zu keinem Zeitpunkt, auch nicht aus den Durchsuchungen, irgendwelche Hinweise darauf, dass sich dieser Mann in der rechtsextremistischen Szene selbst als Rechtsextremist bewegt hat oder sich auch nur mit entsprechenden Positionen geäußert hat. Das ergibt sich letztlich auch aus den Bestätigungen der Staatsanwaltschaft Kassel, die noch einmal erklärt hat, dass keine Verbindungen des damaligen Mitarbeiters zu rechten Kreisen gefunden werden konnten. Es gibt in der Presse jetzt immer wieder Diskussionen darüber, dass der Mann Waffen besessen haben soll. Es handelt sich hier um legale Waffen. Der Mann war Sportschütze. Er war in einem Schützenverein aktiv und war legal im Besitz einer Langwaffe und dreier Kurzwaffen, die anlässlich der Durchsuchungsmaßnahmen, die bei ihm zu Hause stattgefunden haben, sichergestellt wurden. Es gab in diesem weiteren Zusammenhang einen Verstoß gegen das Waffengesetz, der sich darauf bezog, dass er Munition bei sich hatte für andere Waffen – nicht für seine –, die er ohne waffenrechtliche Erlaubnis nicht hätte haben dürfen. Dies wurde im Jahr 2006 im Wege des Strafbefehls geahndet. Den hat der Mann damals auch angenommen. Ich darf also noch einmal darauf hinweisen: Es gab hier letztlich keine Verbindungen zu den Tatorten, keine Verbindungen des Mannes in die rechte Szene. Er hat auch keine Quelle im Bereich des ›Thüringer Heimatschutzes‹ geführt. Wir haben dienstrechtlich den damaligen Mitarbeiter bei Bekanntwerden des Sachverhaltes – das war am 21.04. – vom Dienst suspendiert. Es gab nachher – auch auf seinen eigenen Antrag – ein förmliches Disziplinarverfahren, das mit Abschluss der Ermittlungen, die ja mit einer Einstellung endeten, parallel ebenfalls mit einer Einstellung endete. Da der Mitarbeiter aber mit Blick auf die Berichterstattung zu seiner Person und mit Blick auf die Gesamtumstände – also Zeugenaufruf, auf den er sich nicht gemeldet hat; waffenrechtliche Verstöße, wenn auch in geringem Umfange – unter dem Gesichtspunkt des Umgangs mit Verschlusssachen nicht mehr bei uns tätig sein konnte, wurde er mit seinem Einverständnis dann im März 2007 zum Regierungspräsidium Kassel versetzt. (…)

Zur Person unseres damaligen Mitarbeiters: Ohne Zweifel ist seine Rolle bzw. seine Situation zu dem damaligen Tatzeitpunkt 2006 nicht letztlich hinreichend und endgültig aufgeklärt worden. Vor diesem Hintergrund ist es so, dass derzeit auch der Generalbundesanwalt diesen Komplex auch mit Blick auf unseren Mitarbeiter erneut prüft und dazu mit uns bereits Gespräche geführt hat, was eine Akteneinsichtnahme angeht. Wir werden das selbstverständlich unterstützen; denn auch wir haben natürlich ein Interesse daran, diesen Sachverhalt so vollständig und umfänglich wie möglich zu klären. Dass hier die Suspendierung des Mitarbeiters und das Ende der Mordserie und der Erstellungszeitraum der DVD im Jahr 2007 zusammenfallen, kann man jetzt natürlich theoretisch in diesen Zusammenhang bringen. Wir sichten ja auch seit gut anderthalb Wochen alle möglichen Akten, die hier noch irgendwie relevant Aufschluss geben können – zu unserem damaligen Mitarbeiter, aber auch zu den bis jetzt identifizierten Tätern und Tatbeteiligten oder auch zu den Tatsachverhalten. Wir haben bis jetzt keine Bezüge feststellen können (...)«.

Warum die »NSU«-Mordserie an den Migranten aufhörte, nachdem Andreas T. ins Visier der Ermittler geraten war, erklärte Catrin Rieband unterdessen mit keinem Wort.

Eine »Aufklärung« des Geheimdienstskandals soll indes in Hessen hinter den verschlossenen Türen des geheim tagenden fünfköpfigen Parlamentarischen Kontrollgremiums (PKGr) des Landtages stattfinden. Dies böte den etablierten Parteien den Vorteil, dass die Linksfraktion im hessischen Landtag, der ihr Platz in der PKGr verweigert wird, außen vor bliebe. Mit seiner Strategie des Ausschlusses der Öffentlichkeit steht der hessische Ministerpräsident Bouffier unterdessen nicht alleine da. Auch die aus SPD und Bündnis 90/Die Grünen bestehende nordrhein-westfälische Landesregierung will den Skandal über die Zusammenarbeit von Geheimdiensten und dem »NSU« mithilfe der FDP weitestgehend hinter verschlossenen Türen abhandeln. Schließlich wird auch im bevölkerungsreichsten Bundesland der Linksfraktion die Entsendung eines Abgeordneten in das PKGr verwehrt. Bislang wird der »NSU« in Nordrhein-Westfalen für ein Sprengstoffattentat in Köln und einen Mord in Dortmund verantwortlich gemacht. Seine Urheberschaft für den Anschlag auf die S-Bahn-Station Wehrhahn in Düsseldorf wird noch immer von den Behörden geprüft. Im Rahmen früherer Ermittlungen seien aber »selbstverständlich keine Erkenntnisse zurückgehalten« worden, behauptete im November 2011 ein Sprecher des Landesamtes für Verfassungsschutz in NRW.

Zum Thema »Aufklärungsbereitschaft« sei außerdem angemerkt, dass sich die Innenminister der Länder im November 2011 darauf verständigten, ihren Beamten der Landeskriminalämter eine Aussagegenehmigung vor dem Bundestagsinnenausschuss zu verweigern. Der Grund für dieses Vorgehen, welches zumindest für eine von SPD und Linkspartei geführte Landesregierung in Brandenburg, aber auch für die von SPD und Grünen geführte Minderheitsregierung in Nordrhein-Westfalen als erstaunlich erscheint, dürfte unter anderem in dem vielerorts bestehenden Konkurrenzverhältnis zwischen den jeweiligen LKA-Behörden und den Landesämtern für Verfassungsschutz liegen.

Nach den Ermittlungsbehörden und Landesämtern für Verfassungsschutz geriet unterdessen auch der Militärische Abschirmdienst in den Fokus der öffentlichen Aufmerksamkeit. So soll der Bundeswehrgeheimdienst kurz nach Abtauchen von Mundlos, Böhnhardt und Zschäpe im Jahr 1998 von einem V-Mann über deren Aufenthaltsort informiert worden sein, den Hinweis jedoch – aus welchen Gründen auch immer – nicht beachtet haben.

Geheimdienstverstrickung in Polizistenmord?

Kaum beachtet werden indes mittlerweile Hinweise, dass Verfassungsschützer bei dem in Heilbronn begangenen Mord an der Polizistin Michèle Kiesewetter zugegen gewesen sein sollen. Dies legt zumindest ein Observationsprotokoll des US-Militärgeheimdienst DIA vom 25. April 2007 nahe. So soll eine Spezialeinheit des US-amerikanischen Geheimdienstes an diesem Tag – gemeinsam mit zwei Verfassungsschützern aus Baden-Württemberg – zwei Personen beobachtet haben, die insgesamt 2,3 Millionen Euro bei einer Heilbronner Bank einzahlten. Zwar musste die offenbar gegen sogenannte »Islamisten« gerichtete Aktion länderübergreifende Operation aus nicht näher bekannten Gründen abgebrochen werden, in dem Einsatzprotokoll der

US-Amerikaner findet sich jedoch der Hinweis, dass ein Zivilfahnder aus Baden-Württemberg in eine Schießerei mit einer Polizeistreife und einem »rechtsradikalen Kommando« verwickelt gewesen sei. An besagtem Tag waren Michèle Kiesewetter in Heilbronn erschossen, ihr Kollege, der mit ihr auf Streife war, schwer verletzt worden. Somit musste den deutschen Ermittlungsbehörden bereits 2007 bekannt gewesen sein, dass der Mord an Kiesewetter sehr wahrscheinlich auf das Konto von Neonazis ging.

Die Tatwaffe, die bei dem damaligen Anschlag auf die Beamten benutzt wurde, wurde am 4. November 2011 in dem Wohnmobil in Eisenach gefunden, in dem sich die »NSU«-Mitglieder Uwe Mundlos und Uwe Böhnhardt – offiziellen Angaben der Behörden zufolge – selbst getötet haben sollen. Doch auch an dieser Version der Ereignisse bestehen massive Zweifel. Trotz anderslautender Zeugenaussagen von Anwohnern behauptet das Bundeskriminalamt (BKA) weiterhin, die beiden Neonazis hätten an besagtem Tag bemerkt, dass sich Polizeibeamte ihrem Wohnmobil näherten. Daraufhin hätte Mundlos erst seinen Komplizen erschossen, danach das Fahrzeug in Brand gesetzt und sich anschließend selbst umgebracht. »Die abgeschlossenen Vernehmungen der seinerzeit vor Ort eingesetzten Polizeibeamten und weitere Ermittlungen zur Tatrekonstruktion bestätigen den angenommenen Geschehensablauf«, beteuert die Behörde. Im Gegensatz zu den Anwohnern, die weder vor noch während des Brandes Schüsse gehört haben, berichteten die beiden eingesetzten Beamten von insgesamt »drei wahrgenommenen Knallgeräuschen«. Bisher konnten die Behörden zudem nicht erklären, warum sich zwei Neonazis, die über Jahre hinweg – ungestört von Polizei und Geheimdiensten – Morde und schwere Straftaten begehen konnten, urplötzlich aus Angst vor einer zweiköpfigen Polizeistreife zum Suizid entschließen sollten.

Trotz besagten anderslautenden Zeugenaussagen beteuerte BKA-Präsident Jörg Ziercke am 21. November 2011 vor dem Innenausschuss des Bundestags ebenfalls, seine Behörde habe die Information, »dass bei dem einen Täter in der Lunge keine Rußpartikelchen gefunden worden sind, bei dem anderen ja, was mit hoher Wahrscheinlichkeit darauf hindeutet, dass der eine den anderen zuerst erschossen hat, dann den Brand gelegt hat und dann sich selbst erschossen hat. So ist jedenfalls der hypothetische Ablauf durch die Kriminalisten im Moment vom Stand her«.

Anhand des Sitzungsprotokolles wird indes eindrucksvoll deutlich, dass auch der BKA-Präsident weiterhin auf Verschleierung der Todesumstände der beiden Naziterroristen setzt und keinen Willen erkennen lässt, Licht ins Dunkel der undurchsichtigen Abläufe zu bringen. So fährt Ziercke laut Protokoll wie folgt fort und liefert sich dabei ein Wortgefecht mit nachfragenden Bundestagsabgeordneten, die sich mit der von ihm praktizierten Informationsverweigerung nicht zufrieden geben wollen:

»(…) Wir haben eine Waffe gefunden, die tatsächlich eingesetzt worden ist. Daraus ergibt sich im Grunde zwangsläufig, wenn der eine mit einem aufgesetzten Schuss stirbt und der andere sich in den Mund schießt, dass man dann im Grunde rekonstruieren muss. Dazwischen muss noch ein Brand gelegt worden sein. Deshalb hatte ich gesagt: In dem einen Fall haben wir bei der Obduktion Ruß in der Lunge gefunden und in dem anderen Fall nicht. Daraus ergibt sich dann im Grunde die Abfolge, wer wen. (Wolfgang Wieland [Bündnis 90/Die Grünen]: Wer hat als Letzter gelebt?) – Es war mir klar, dass Sie das so fragen. Ich kann das mit absoluter Sicherheit nicht sagen; denn das sagt auch der Obduktionsbericht in der Form nicht. Es kann letztlich nur eine Rekonstruktion sein.

Vorsitzender Wolfgang Bosbach: Aber einer hat doch Rußpartikel in den Lungen gehabt. (Zuruf: Wer hatte denn Rußpartikel? – Dr. Konstantin von Notz [Bündnis 90/Die Grünen]: Dann muss ich das im *Spiegel* lesen, Herr Ziercke!)

Jörg Ziercke, Präsident des Bundeskriminalamtes: Entschuldigen Sie bitte; ich habe doch eben ausführlich dargestellt, wie das Obduktionsergebnis im Kern aussieht. Wenn ich den Namen nicht sage, dann möchte ich hier keinen falschen Eindruck erwecken, als wenn das eine Erkenntnis des Bundeskriminalamtes sei. Ich weiß auch nicht, welche Relevanz das für Sie hat, dass Sie sich jetzt so echauffieren. (Dr. Konstantin von Notz [Bündnis 90/Die Grünen]: Dann sagen

Sie es halt, wenn es keine Relevanz hat!) – Ich verstehe nicht ganz, was Sie jetzt von mir wollen. (Dr. Konstantin von Notz [Bündnis 90/ Die Grünen]: Den Namen, Herr Ziercke!) – Ich kann Ihnen den im Moment nicht sagen. Das habe ich doch gerade gesagt. Also wo ist da das Problem?«

Gesprächiger zeigte sich indes Generalbundesanwalt Harald Range. Er äußerte laut des soeben zitierten Sitzungsprotokolls, dass es »nach dem bisherigen Ergebnis der Obduktion« so sei, »dass Herr Mundlos Herrn Böhnhardt erschossen hat und dann sich selbst gerichtet hat«. Der Wille zur Information von Bundestagsabgeordneten brachte ihm indes durchaus als unfreundlich zu bezeichnende Äußerungen des BKA-Präsidenten ein: »Nach dem bisherigen Ergebnis.« Entgegnung Range: »So wie es dargestellt ist. Gut; das kann man ja schlussfolgern. Warum nicht?« Darauf wiederum Ziercke: »Ich weiß nicht, was das jetzt für eine Erkenntnis bringt. Aber das mag ja dahingestellt sein. Es ist okay.«

Hingegen äußerte der ehemalige parteilose Hamburger Innensenator Udo Nagel gegenüber der *Bild*-Zeitung vom 18. November 2011 Zweifel an der Darstellung der Behörden. »Auch ich habe an der Selbstmordtheorie erhebliche Zweifel. Solche Tätertypen bringen sich in der Regel nicht selbst um«, konstatierte er.

Indes steht zu befürchten, dass der größte Geheimdienstskandal der bundesdeutschen Nachkriegsgeschichte nicht aufgeklärt werden wird. Erste Beweisstücke, die von Ende der 1990er Jahre stammten, wurden von den Behörden aufgrund einer Verjährung der Straftaten bereits vernichtet. Nicht nur die Landesämter für Verfassungsschutz in Thüringen und Hessen weigern sich de facto, die Rolle ihrer jeweiligen Mitarbeiter, Behördenleiter und V-Leute aufzuklären. Und auch von den Parlamentarischen Kontrollkommissionen (PKK) und -gremien (PKGr) ist kein sonderlich großer Aufklärungsbeitrag zu erwarten. Schließlich sind die Mitglieder besagter Gremien zu absoluter Verschwiegenheit verpflichtet. Nicht einmal die PKGr- bzw. PKK-Mitglieder verschiedener Länder und des Bundes dürfen sich untereinander austauschen. Hinzu kommt: Trotz des 2003 unter anderem an den Aktivitäten des V-Mannes Tino Brandt gescheiterten

NPD-Verbotsverfahrens und der Verstrickung eines großen Teils der Hunderte von V-Leuten in Gewalttaten, existiert noch immer keine politische Mehrheit für die Abschaltung der staatlich alimentierten Neofaschisten.

Mittlerweile gilt gar als möglich, dass Beate Zschäpe nicht einmal wegen Gründung und »Mitgliedschaft in einer terroristischen Vereinigung« verurteilt werden wird. So konstatierte der Rechtsanwalt der Naziaktivistin Ende Dezember 2011, dass »nach dem Inhalt der uns vorliegenden Akten kein dringender Tatverdacht wegen Gründung bzw. Mitgliedschaft in einer terroristischen Vereinigung« bestehe. Auch in den Medien waren mehrfach Mutmaßungen laut geworden, denen zufolge Zschäpe einzig wegen der Brandstiftung an dem von ihr, Böhnhardt und Mundlos bewohnten Haus Anfang November in Zwickau belangt werden könnte. Womit die von dem braunen Terrornetzwerk verübten zehn Morde ebenso ungesühnt blieben wie die schweren Verletzungen, die die Opfer des Bombenanschlags 2004 in Köln erlitten.

6. Die Extremismustheorie – Hintergrund und Funktion einer Staatsdoktrin

Kaum ein Tag vergeht, an dem in den Medien nicht über »Extremismus« berichtet wird. Mit jedem »Verfassungsschutzbericht« wird der Begriff zur Einordnung und Bewertung von linken wie rechten »Extremismen« aufs Neue kolportiert. Der Extremismusbegriff hat sich zur gängigen Formel für alles entwickelt, was nicht einer ehrenwerten »Mitte der Gesellschaft« zugerechnet wird, von der es heißt, sie sei prinzipiell verfassungstreu und »demokratisch«. Die Stoßrichtung, die sich hinter der angeblich objektiven Sicht auf die »Gefahren des demokratischen Rechtsstaates« verbirgt, zielt vor allem auf die Isolierung antikapitalistischer und antifaschistischer Positionen. Feinde der Demokratie stehen vorrangig am linken und nicht am rechten

Rand, so lautet die suggerierte zentrale Maxime. Mittels der Extremismusdoktrin setzen etablierte Politik und Medien sowie selbsternannte Extremismusexperten, die sich allesamt als gute Demokraten inszenieren, Neonazis mit ihren entschiedensten Gegnern – Antifaschisten, Radikaldemokraten, Linken, Kommunisten und Sozialisten – gleich, was sich allein schon aufgrund der deutschen Geschichte verbieten müsste.

Der Extremismusbegriff und das Hufeisen

Der Extremismustheorie liegt die Vorstellung zugrunde, dass sich das politische Spektrum entlang einer Achse gruppiert, die von links über die gemäßigte Mitte bis nach rechts reicht. Die Extrempositionen seien rechts- bzw. linksaußen angesiedelt. Die sprachlichen Wurzeln liegen in den lateinischen Wörtern »extremus« (besonders gefährlich und schlecht) und »extremitas« (äußerster Punkt).

Entsprechend dieser Einordnung werden »Extreme« als bedrohlich, polarisierend und kompromisslos empfunden – die Mitte hingegen erscheint als normal, harmonisch und ausgeglichen. »Extremismus« ist kein Rechtsbegriff, bisher findet er sich in keinem Gesetz. Dennoch wird er immer häufiger von der Exekutive, wie beispielsweise der Polizei, verwendet und von Staatsanwälten in Strafverfahren eingeführt, in denen es um politische Delikte geht. Der Begriff entstand als Kategorie zur Aufgabenstrukturierung in den bundesdeutschen Verfassungsschutzämtern. Aufgegriffen von konservativen Wissenschaftlern und Vertretern der »Neuen Rechten«, fand er ab Mitte der 1970er Jahre Eingang in die Politik- und Sozialwissenschaften, wenngleich die zugehörige(n) Theorie(n) umstritten und marginalisiert blieben.

Vor allem Ideologen aus dem Umfeld von Uwe Backes (Hannah-Arendt-Institut für Totalitarismusforschung an der TU Dresden) und Eckhard Jesse (TU Chemnitz) versuchen seit Ende der 1980er Jahre die Extremismustheorie im Wissenschaftsbetrieb und in der breiten Öffentlichkeit zu etablieren – seit dem Zusammenbruch des Realsozialismus 1989/91 und insbesondere in den letzten Jahren aufgrund eines entsprechenden Nährbodens in der etablierten Politik mit steigendem Erfolg.

Für den Verfassungsschutz gelten Bestrebungen als »extremistisch«, »die gegen die freiheitliche demokratische Grundordnung, den Bestand und die Sicherheit des Bundes oder eines Landes gerichtet sind oder eine ungesetzliche Beeinträchtigung der Amtsführung der Verfassungsorgane des Bundes oder eines Landes oder ihrer Mitglieder zum Ziele haben«. Nach Jesse und Backes soll »politischer Extremismus« als Sammelbezeichnung für Gesinnungen und Bestrebungen fungieren, die sich in der Ablehnung des Verfassungsstaates und seiner Werte und Spielregeln einig wissen. Als Grundsätze des »demokratischen Verfassungsstaates« werden von ihnen Gewaltenteilung, der Schutz der Freiheitssphäre des Bürgers, Rechtsstaatlichkeit, Pluralismus und eine Repräsentativverfassung ausgemacht. Auch wenn es schwer verständlich scheint, soll nach Auffassung Jesses und Backes der Begriff »Radikalismus« in Abgrenzung zum »Extremismus« die angeblich feststellbaren Grenzzonen zwischen »extremistischen Bestrebungen« und demokratischem Bereich, also dem durch die demokratische Grundordnung »geschützten Rahmen«, markieren. Dabei wird ausgeklammert, dass der Begriff »Radikalismus« – von lat. radix – eigentlich das Anliegen kennzeichnet, gesellschaftliche und politische Probleme »an der Wurzel« anzugreifen und von dort aus möglichst umfassend und vollständig zu lösen. Der Begriff bezieht sich dabei durchaus auch auf die Entschlossenheit des Handelns. In der Extremismustheorie aber mit ihrer vermeintlich objektiven Skala von links nach rechts soll der »Rechts- und Linksradikalismus« dem verfassungskonformen Spektrum (noch) zuzurechnen sein. Dass über »feste Grenzzonen« zwischen »Extremismus« und »Radikalismus« Wanderungsbewegungen möglich sind, wird nicht bestritten. Nach Meinung der Extremismustheoretiker sollte eine Klassifizierung von Gruppierungen oder Parteien als verfassungskonform, radikal oder extremistisch vorrangig von den Sicherheitsbehörden getroffen werden. Diese Regel wird jedoch nur von Fall zu Fall eingehalten. So werden etwa die »Republikaner« prinzipiell als »nicht-extremistisch«

bewertet, weil sie sich in ihrer Programmatik angeblich auf ein demokratisches Staatswesen berufen. Die Partei Die Linke wird hingegen bereits seit Jahren für »extremistisch«, »verfassungsfeindlich« – ein Begriff, den das Grundgesetz selbst im Unterschied zu dem der Verfassungs*widrigkeit* nicht kennt – und damit für gefährlich erklärt.

Backes und Jesse benutzen zur Erklärung und Vermittlung ihres Ansatzes ein einfaches und auf den ersten Blick eingängiges Modell. In diesem Hufeisen-Modell berühren sich »Extremisten« von links und rechts an den »Rändern des demokratischen Verfassungsbogens« – sie seien sich sogar »sehr nahe, brauchen einander« und »wollen vielmehr das hervorrufen, was sie so heftig attackieren.« Es wird zudem behauptet, »Rechts- wie Linksextremisten« würden sich oft gleicher Mittel bedienen, um ihre Ziele durchzusetzen. Diese Sicht spiegelt sich nicht nur in Publikationen von Backes und Jesse wider. Sie ist auch von ihren Doktoranden, der Bundeszentrale für politische Bildung und vor allem der CSU- bzw. CDU-nahen Hanns-Seidel- und Konrad-Adenauer-Stiftung breit rezipiert und propagiert worden. Die politisch motivierte Forschungspraxis weist insofern über die Problematik der Verwendung eines Extremismusbegriffs hinaus. Obgleich dieser gerade in linken Kreisen umstritten ist, verwenden ihn auch Wissenschaftler wie z. B. Richard Stöss für eine Analyse des »Rechtsextremismus« entsprechend seiner realen Erscheinungsformen, ohne jedoch Anhänger des Extremismus-Modells zu sein. Wissenschaftler wie Stöss oder auch Hajo Funke verwenden den Begriff »Rechtsextremismus« als Sammelbegriff für gesellschaftliche Erscheinungsformen, die als rechtsgerichtet, undemokratisch und inhuman gelten. Damit beziehen sie im Gegensatz zu Jesse und Backes in ihre Analysen immer mit ein, dass rechtsextreme Ideologiefragmente – wie z. B. Rassismus, Nationalismus, Antisemitismus usw. – von einem erheblichen Teil der Bevölkerung befürwortet werden.

Jesse hingegen bemängelt mit Blick auf eine angeblich besondere Gefahr des »Extremismus von links« eine »fehlende Äquidistanz« der etablierten Politik gegenüber dem »Rechts- und Linksextremismus«. Nicht nur, dass die Antifa mit ihrem Kampf gegen Neonazis der Anti-Antifa personell deutlich überlegen sei. Nein, aufgrund der Bildung breiter »Bündnisse gegen Rechts« – unter Einschluss von Antifa-Gruppen, der DKP, der Partei Die Linke, aber eben auch von Bündnis 90/Die Grünen und Teilen der SPD – befinde sich das unerlässliche »antiextremistische Grundverständnis« der Mitte der Gesellschaft in der Defensive. Laut Jesse sei in Teilen des politischen Establishments der Blick nach rechts »überscharf entwickelt«, der nach links aber bedauerlicherweise oftmals »getrübt«. Der »Rechtsextremismus« sei gesellschaftlich eher bedeutungslos – in seinem »Ghettodasein« sei er mehr ein »konstruiertes Phantom« als Realität. Schleichender erfolge hingegen die »Erosion« der Demokratie durch den verkannten »linken Extremismus«, dessen »antifaschistischer Kampf« eine »self-fulfilling-prophecy rechtsextremer Gewalt« in Gang setze.

Der »Linksextremismus« aus Sicht der Extremismustheorie

Die Utopie »linksextremistischer Ideologien« sei, so Backes und Jesse, auf ein herrschaftsfreies, mit sozialer und ökonomischer Freiheit ausgestattetes Gemeinwesen gleicher Menschen ausgerichtet: die sogenannte herrschaftsfreie Ordnung. Solche Vorstellungen reichen aus ihrer Sicht über die in demokratischen Staaten akzeptierten Prinzipien der Demokratie weit hinaus. Gemeinsam sei allen »Linksextremisten«, dass sie in der kapitalistischen Klassengesellschaft die Wurzel allen Übels sähen.

Unter die Sammelbezeichnung »Linksextremismus« fallen gemäß Jesse und Backes libertäre Anarchisten, für die zentrale Organisationsformen von Übel sind, autonome Gruppierungen, die sich nicht an Autoritäten ausrichten und ein hohes Maß an Subjektivismus aufweisen, und verschiedenste Spielarten des Kommunismus, die sich in unterschiedlicher Ausprägung auf Marx, Engels, Lenin, Stalin, Trotzki und Mao Tse-tung beriefen und deren Gefährlichkeit durch die Tyrannei des historischen Kommunismus unterstrichen werde.

Während die Ziele der »extremen Rechten« – Aufhebung des Gleichheitsprinzips durch Ausgrenzung, Nationalismus, Rassismus, Antisemitismus, Antipluralismus, Autoritarismus – generell und oft sogar nach eigenem Bekunden »antidemokratisch« sind, wirkt es absurd, eine antikapitalistische Orientierung grundsätzlich als Ablehnung demokratischer Prinzipien zu deuten. Die Definition für den »linken Extremismus« wird also bewusst in einer Weise konstruiert, als stelle die mehr oder minder scharfe Kritik etwa an der Bundesrepublik Deutschland als »kapitalistisch« einen Angriff auf den demokratischen Rechtsstaat dar. Entscheidend könnte demgegenüber allenfalls sein, welche konkreten Alternativen mit welchen Mitteln durchgesetzt werden sollen. Die Extremismustheoretiker haben in den letzten Jahren auf diese Kritik reagiert und geben an, sie würden in einem zweidimensionalen Modell zwischen »Ideen« und »Mitteln« von »Extremisten« unterscheiden. Trotzdem zeichnet sich keine Änderung in ihrer Forschungsorientierung ab. Denn so ganz genau will man es schließlich – jedenfalls auf der theoretischen Ebene – denn doch nicht wissen. Ansonsten würde sich das gesamte »Extremismusmodell« als grober Unsinn herausstellen. Deshalb überlässt man alles Andere den staatlichen Sicherheitsbehörden. Schließlich beteiligen sich Jesse und Backes auch an der Ausbildung und Schulung von Verfassungsschutz-Mitarbeitern, und die brauchen halt auch eine ideologische Waffe. Schließlich geht es darum, das Prinzip der »wehrhaften Demokratie« in erster Linie gegen »die Gefahren von Links« zu verteidigen. Dass diese ideologische Aufrüstung auch bei politischen Entscheidungsträgern angekommen ist – wo sie eben auch ankommen sollte –, sei hier an einem Statement des Berliner Innensenators, Ehrhart Körting (SPD), verdeutlicht. Er erklärte: »Aussagen gegen Rechtsextremisten verbinden Linksextremisten im allgemeinen mit der Abschaffung des Kapitalismus, womit sie letztlich die freiheitliche demokratische Grundordnung meinen.« Da ist es kein Wunder, wenn die zuständige Behörde im Hause Körting, der Berliner Verfassungsschutz, im Jahr 2008 bezüglich der Antifaschistischen Linken Berlin (ALB) zu der Erkenntnis kam: »Die ALB verfolgt Ziele, die gegen den Bestand der freiheitlichen demokratischen Grundordnung gerichtet sind. Das kommt z. B. in dem Aufruf der ALB zu Protesten gegen den Irak-Krieg zum Ausdruck: ›No Nation – No War – No Capitalism! – We will stop you!‹ und in Slogans wie ›Smash Capitalism!‹«

Ein Kriegsgegner, Anti-Nationalist und Antikapitalist sollte sich also in Acht nehmen – selbst im damals noch »rot-rot« regierten Berlin. Für die von den Extremismustheoretikern gefütterten Sicherheitsbehörden ergibt sich daraus: So jemand ist ein »Verfassungsfeind«, der verdächtig ist und überwacht werden muss. Zur Konstruktion »rot lackierter Faschisten«, wie Ehrhart Körting Teile der linksradikalen Szene Berlins bezeichnete, ist es dann auch nicht mehr weit.

Fast schon logisch ist es, dass bei Extremismusforschern, aber auch beim Verfassungsschutz vor allem autonome Gruppen, Antifa- und Antirassismusinitiativen, seit Jahren die PDS/Linkspartei sowie die verschiedensten linken Strömungen, die sich gegen Sozialabbau engagieren, im Vordergrund der Beobachtung stehen. Das Prinzip der Vorgehensweise ist immer dasselbe: Das »Gefahrenpotenzial« wird aufgebauscht oder gleich von vornherein konstruiert. Der »rechte Extremismus« aber wird zwar manchmal anhand seiner Strukturen grob beschrieben, doch seine ideologische Bedeutung jenseits einiger Organisationen bleibt trotz erheblicher Resonanz in der Bevölkerung im Dunkeln oder wird schlicht negiert.

Exkurs: Totalitarismustheorien

Die Totalitarismustheorie ist das auf den »Extremismus an der Macht« bezogene Pendant zur Extremismustheorie, wobei auch hier nicht von »der einen« Theorie gesprochen werden kann. Erste Formen wurden bereits in den 1920er Jahren vor dem Hintergrund der Machtübernahme des italienischen Faschismus einerseits und der Herrschaft Stalins andererseits entwickelt. In der Weimarer Republik verwendete vor allem die SPD den Begriff »totalitär« in Abgrenzung zu KPD wie NSDAP. Ab ca. 1936 subsumiert »totalitär« gleichermaßen Merkmalseinheiten des italienischen Faschismus, des deutschen Faschismus und des Sowjetkommunismus. Hannah Arendts »Elemente und Ursprünge totaler Herrschaft« von 1951 wird »Terror« zum konstitutiven Merkmal des Totalitarismus. 1956 erschien Carl J. Friedrichs und Zbigniew K. Brzezinskis »Totalitäre Diktatur«, das zum idealtypischen

Modell der Totalitarismustheorie wurde. Hiernach ihr gelten eine ausgearbeitete Ideologie, eine einzige Massenpartei, ein Terrorsystem auf physischer und psychischer Grundlage, ein Monopol der Kontrolle aller Mittel wirksamer Massenkommunikation, ein Waffenmonopol sowie eine Überwachung und Lenkung der gesamten Wirtschaft als entscheidende Merkmale totalitärer Systeme. Doch lässt sich anhand solcher Kategorien die Funktionsweise eines Systems annähernd darstellen oder gar erklären? Und wie steht es mit dem sozialen Inhalt des jeweiligen politischen Systems, mit den gesellschaftlichen Interessen also, die sich in ihm manifestieren? Die Totalitarismustheorie blieb Ausdruck des Antikommunismus, der sich in der Bundesrepublik Deutschland vor allem gegen die Sowjetunion und die DDR richtete. Je mehr sich der Kalte Krieg verschärfte, desto einflussreicher wurde diese Theorie.

Hatte der Terminus »Totalitarismus« in den 1950/60er Jahren seine Hochkonjunktur, so geriet er im Zuge der Entspannungspolitik zwischen Ost und West in den 1970/80er Jahren in die Krise. Der Zusammenbruch der kommunistischen Systeme hat allerdings dazu beigetragen, den – zumindest zeitweise von Teilen der Forschung und Politik betonten Gegensatz von Faschismus und Kommunismus – wieder zu relativieren und die Totalitarismustheorie neu zu beleben. Diese Theorie klassifiziert Phänomene, erklärt aber wenig. Sie vergleicht nicht, sondern sie setzt gleich. Wenn sie »den Totalitarismus« zu deuten versucht, kommt anstelle einer Definition eine moralisch aufgeladene Addition von Merkmalen heraus, die zusammen das »Wesen totaler Herrschaft« ausmachen sollen. Totalitarismustheoretiker vermeiden deshalb gern die Frage nach Hintergründen des deutschen Faschismus, z.B. die, wer Hitler an die Macht gebracht hat. Auch der Blick auf Interessen, Profiteure, Stützen und Traditionen in einer Gesellschaft wird meistens ausgeklammert. Wegen der zwanghaften – weil als notwendig erachteten – Konstruktion von Gemeinsamkeiten werden fundamentale Unterschiede zwischen faschistischen und kommunistischen Systemen überdeckt. Denn ein tatsächlicher Vergleich würde grundlegende Unterschiede zwischen den Systemen kenntlich machen. Die Besonderheit des deutschen Faschismus und der Massenvernichtung der europäischen Juden lässt sich bei jedem Vergleich – sowohl mit dem Sowjetkommunismus als auch mit anderen faschistischen Regimen – kaum unterdrücken.

Vom Kampfbegriff zum neuen staatspolitischen Programm

Die Extremismustheorie, welcher der »originäre Extremismusbegriff« zugrunde liegt, unterstellt, der »Rechts-, Links-« und – inzwischen stärker im Blick – »Ausländerextremismus« seien Spielarten einer gegen den demokratischen Verfassungsstaat gerichteten gemeinsamen Strömung. Die »Theorie« leitet sich aus Grundsätzen der »wehrhaften Demokratie« eines starken Staates ab, um »Gegner« der »freiheitlichen demokratischen Grundordnung« zu identifizieren und deren Verhalten sanktionieren zu können. Nun ist es erst einmal nicht verwunderlich, dass sich Staaten gegen ihre »Feinde«, vor allem gegen missliebige politische Strömungen, zur Wehr setzen. Zu prüfen ist also, warum bei der Identifizierung von tatsächlichen oder vermeintlichen Gegnern des Staates mit unterschiedlichem Maß gemessen wird. Dennoch ergeben sowohl der Begriff als auch die dazugehörende Theorie aus Sicht staatlicher Behörden durchaus Sinn. Was ist also das Problem?

Deutlich erkennbar ist, dass die Extremismustheorie eine staatliche Sicht übernimmt, diese weiterentwickelt und absichert, indem sie den Behörden eine Legitimation verschafft. Grundlage für Studien von Extremismustheoretikern bilden in der Regel Berichte und Lagebilder des Bundesamtes für Verfassungsschutz und dessen Landesbehörden. Diese lassen in manchen ihrer Publikationen ihrerseits Extremismusforscher zu Wort kommen. Geheimdiensterkenntnisse sollen auf diese Weise in der Öffentlichkeit als wissenschaftlich streng »geprüft« und »bestätigt« dargestellt werden. Wissenschaftler wie Wolfgang Wippermann oder Christoph Butterwegge weisen seit Jahren darauf hin, dass die Extremismustheorie ein »politisches Instrument« ist, das vor allem von staatlichen Behörden und mit Hilfe der Medien zur Diskreditierung linker Politik eingesetzt wird. Tatsächliche »Erkenntnis« durch extremismustheoretische Erklärungen kann deshalb nicht erwartet werden. Dessen sollten sich alle bewusst sein, die mit dieser »Theorie« in der Schule, Uni oder Zeitung direkt oder indirekt konfrontiert werden. Nicht zuletzt resultiert die politische Motivation der »Theorie« auch daraus, dass die Verfechter des Konzeptes wie Jesse und Backes selbst aus dem ganz rechtskonservativen Spektrum stammen. Ihnen ist es ein zentrales Anliegen, missliebige, explizit linke Positionen in der Politik und öffentlichen Debatte zu isolieren. Denn wer redet schon gern mit verhaltensauffälligen »Extremisten«, denen »Demokratiefeindschaft« nachgesagt wird.

Die »Theorie« und einzelne Versatzstücke, die einem im Alltag begegnen, können als Instrumentarium zur Verblendung und Verschleierung von Realität betrachtet werden. Mit dem Extremismusansatz werden die eigentlich unübersehbaren Schwächen der Gleichsetzung von Faschismus und Kommunismus in der Totalitarismustheorie reproduziert und gesteigert, zumal – und das ist der Trick – auf tatsächliche Vergleiche verzichtet wird oder aber Unterschiede eingeebnet werden. Denn was nicht passt, wird passend gemacht. Während Jesse und Backes die Bedeutung des »Rechtsextremismus« an die Höhe der Wählerzustimmung für Parteien wie die NPD koppeln, um zur Schlussfolgerung zu gelangen, dass die »extreme Rechte« unbedeutend sei, sieht die Sache beim »Linksextremismus« anders aus. Deshalb finden sich aus ihrer Sicht »Grauzonen« bzw. Übergänge zur bürgerlichen Mitte vorrangig auf der linken Seite des »Hufeisens«. Überschneidungen zwischen Konservatismus und »extremer Rechter« werden kaum thematisiert, eher tabuisiert. Die realen Gräben zwischen Rechts und Links werden zwar nicht von allen Extremismustheoretikern ignoriert, in ihrer Bedeutung jedoch immer relativiert. Auch Backes und Jesse postulieren zwar (inzwischen), dass »unverkennbare Gemeinsamkeiten der Extremismen« Unterschiede nicht verdecken dürften. Gerade sie und ihre Zöglinge sind es jedoch, die das Gegenteil praktizieren und damit Bewertungskriterien für Wissenschaft und Öffentlichkeit festlegen. Dabei handelt es sich um eine Methode, die in dem Konzept angelegt ist.

Wie bereits erwähnt, finden sich nach Ansicht von Extremismustheoretikern Sympathisanten von »Linksextremisten« bereits am linken Rand der SPD, während »rechtsextreme« Bestrebungen nie an den Rändern von CDU/CSU ausgemacht werden. Angewandt wird dabei auch die Charakteristik für »Linksextremismus«, die deutlich machen soll, was diesen vermeintlich auszeichnet. Die Definition heißt »Kapitalismusfeindlichkeit« oder »grundlegende Kapitalismuskritik«. Dabei werden bewusst verschiedenste linke Strömungen »in einen Topf« geworfen. Die Extremismustheorie könnte durchaus einen gewissen Erklärungswert beanspruchen, wären mehr inhaltliche Gemeinsamkeiten als Unterschiede zwischen »extremen Rechten« und radikalen Linken vorhanden. Doch rechte und linke Bewegungen weisen mehr fundamentale Unterschiede als Übereinstimmungen auf. Ähnlich verhält es sich mit dem »Ausländerextremismus«. Letzteres haben Extremismusforscher inzwischen auch eingestanden. Soweit sich Ausländerextremismus nicht in das Links-Rechts-Schema des Hufeisen-Modells einordnen lässt, muss die neue Sonderkategorie »grüner Extremismus« herhalten, um die »großen Gefahren«, die laut Backes und Jesse von islamistischen Bewegungen ausgehen, zu fassen.

Das Extremismuskonzept ist vor allem auch deshalb zu kritisieren, weil Organisationen und Bewegungen als »rechtsextrem« oder »linksextrem« bezeichnet werden, welche sich allzu weit von einem (angeblich vorhandenen) »demokratischen Konsens« der »Mitte« der Gesellschaft wegbewegen. Deshalb verläuft die Ausgrenzung willkürlich, weil entsprechende Maßstäbe vom Selbstverständnis des Betrachters und seinen Werturteilen abhängen. Darum gibt es in der Forschung, aber auch in der öffentlichen Meinung (noch) unterschiedliche Auffassungen, welche Personen, Parteien oder Gruppen als »extremistisch« einzustufen sind. Wären Extremismustheoretiker ihren eigenen Kategorien verpflichtet, müssten z. B. die früheren Bundesinnenminister Otto Schily (SPD) und Wolfgang Schäuble (CDU) ganz klar als »Extremisten« identifiziert werden. Denn schließlich hatte das Bundesverfassungsgericht deren Gesetzesvorlagen mehrfach für verfassungswidrig und als Verstoß eben gegen jene »freiheitliche demokratische Grundordnung« erklärt, die im Zentrum der Extremismustheorie steht. Wenn sich also auf eine demokratietheoretische Diskussion eingelassen wird, lässt sich feststellen, dass es vor allem die

Bundesregierung, der Deutsche Bundestag und der Bundesrat sind, die »verfassungsrechtliche Pflichten« missachten. Mehrfach erklärten oberste Verfassungsrichter Gesetze oder Teile davon für verfassungswidrig – Beispiele sind das »Anti-Terror-Paket« von Schily, das Flugsicherheitsgesetz oder Urteile zur »Hartz-IV«-Gesetzgebung. Wo bleibt hier der Aufschrei gegen die bösen »Extremisten«?

Es ist also kein Zufall, dass je mehr die Aushöhlung verfassungsmäßiger Substanz des Staates sich durch eine zunehmend verselbständigte Exekutive »von innen« heraus vollzieht, auch die Extremismustheorie an Konjunktur gewinnt. Schließlich geht es darum, von tatsächlichen Gefahren der Aushebelung rechtsstaatlicher Prinzipien abzulenken. Die Extremismustheorie läuft daher prinzipiell auf die Unterstützung eines autoritären Staates hinaus, der Abweichungen von der jeweils neu definierten politischen »Mitte« sanktioniert. Eine Schlussfolgerung kann deshalb nur lauten: Es ist grundsätzlich davor zu warnen, dass »Gefahren für eine Demokratie« von den »Rändern« (im Hufeisen-Modell: zwei Gegenpolen) kommen. Sie kommen in der Regel »von oben« (staatlichen Institutionen) oder direkt aus der Mitte der Gesellschaft. Genau dort entstehen sie auch, wie ein Blick in die Geschichte zeigt. Der deutsche Faschismus kam nicht allein und nicht in erster Linie wegen seiner Stärke, sondern vorrangig wegen der vorausgegangenen Schwäche der Demokratie und ihrer mangelnden Verankerung im gesamten politischen Spektrum der Weimarer Republik an die Macht. Die Schwäche der Demokratie war also weniger die Folge, sondern vielmehr eine wichtige Ursache des Aufstiegs der NS-Bewegung – ein Umstand, den Extremismus- und Totalitarismustheoretiker aus guten Gründen vernebeln wollen.

Die Virulenz einer sozialen Bewegung der »extremen Rechten« sowie rassistische, nationalistische und antisemitische Stereotype in einem erheblichen Teil der bundesdeutschen Bevölkerung werden von Extremismusforschern zumeist ignoriert oder bagatellisiert. So erklärt sich auch die noch vor ein paar Jahren vor allem von Jesse vertretene Auffassung, die NPD sei »notorisch isoliert«. Diese Partei – so Jesse weiter – werde in Zukunft keinerlei Wahlerfolge erringen, es gebe keine Anzeichen für einen »rechten Mainstream« in der Jugendkultur einiger Regionen Deutschlands, Gewalttaten könnten NPD-Mitgliedern erst recht nicht angelastet werden. Umso absurder war es, dass die damalige rot-grüne Bundesregierung ausgerechnet Jesse zuvor zum Sachverständigen im gescheiterten NPD-Verbotsverfahren gemacht hatte. Da die Extremismusforschung nicht in der Lage ist, die Relevanz rechter Ideologie zu fassen, fällt die Bewertung der Gefahren manchmal sogar hinter die Verfassungsschutzbehörden zurück. Die Extremismustheorie wird außerdem oft bei aktuellen öffentlichen Diskussionen über die Aufgaben des Verfassungsschutzes dazu genutzt, um den »linken« gegen den »rechten Extremismus« auszuspielen. So geraten regelmäßig Personen unter »Extremismusverdacht«, die auf die tatsächlichen Gefahren rechter Ideologie und Organisierung sowie auf einflussreiche Netzwerke von Konservativen und »extremen Rechten« aufmerksam machen. Angegriffen werden dabei besonders die Kritiker des Extremismuskonzeptes aus Wissenschaft und kritischer Öffentlichkeit. Sie verweisen – vereinfacht gesagt – auf einen »Extremismus der Mitte«, also auf eigentlich gut erkennbare Interaktionen zwischen »extremen« und »gemäßigten« Rechten sowie der »Mitte«, wodurch »Rechtsrucke« in der Politik erklärbar werden.

Das Extremismuskonzept befindet sich auf dem Vormarsch – in Politik, Wissenschaft, Öffentlichkeit und Gesellschaft. Es profitiert dabei ohne Frage von seiner vermeintlichen Logik. Publizierfreudige Vertreter des Konzeptes – allen voran die Nestoren Jesse, Backes, aber auch Jürgen P. Lang, Rudolf van Hüllen, Hans-Peter Niedermeier, Armin Pfahl-Traughber, Steffen Kailitz, Mike Schmeitzner, Hans-Helmuth Knütter, Alexander Gallus, Patrick Moreau, Rainer Zitelmann, Konrad Löw, Hubertus Knabe, Viola Neu, Florian Hartleb, Lars Flemming, Ralf Grünke, Andreas Morgenstern, Tim Peters und einige andere mehr – haben im Glanze einer vermeintlichen Wissenschaftlichkeit dafür gesorgt, dass Extremismus- und Totalitarismustheorie(n) in der medialen Öffentlichkeit und in der Schul- und Hochschulbildung wieder Relevanz erlangen konnten. Dass dies überhaupt möglich war, liegt unter anderem daran, dass seit Jahren Unmengen staatlicher Mittel für diese politisch motivierte Forschung bereitgestellt werden.

Die staatsoffiziell gewünschte Durchsetzung der Extremismustheorie in Zeiten der Krise ist einmal mehr Ausdruck einer Ausgrenzung von Konzepten gesellschaftlicher Veränderung, die antikapitalistische Positionen einbeziehen. Neue Programme des Bundesfamilienministeriums unter der Leitung der CDU-Politikerin Kristina Schröder (vormals Köhler), die gegen »Linksextremismus« gerichtet sind, sowie die zunehmende Fokussierung auf »linke Gewalt« sprechen eine deutliche Sprache. Die Ansage ist klar: Unter der »schwarzgelben« Regierungskoalition wird sich der Druck auf linke Organisationen auch zukünftig noch verschärfen. Dies schließt erheblichen Druck auch auf die Partei Die Linke mit ein. Von ihr wird gefordert, dass sie sich in den »Verfassungsbogen« zu integrieren habe. Dafür wird als notwendig erachtet, dass sie sich von der Thematisierung der Eigentumsfrage und »Schmuddel-Bündnispartnern« löst. Ein Hauptziel bleibt auch, dass die Herstellung einer breiten Akzeptanz extremismustheoretischer Ansätze garantieren soll, dass Zusammenhänge zwischen der Verschärfung der Krise sowie dem Abbau demokratischer Rechte und der damit einhergehenden Zunahme von sozialer Ausgrenzung, Nationalismus und Rassismus verschleiert werden.

Ideologische Wegbereiter unwissenschaftlicher Gleichmacherei

Seit Bestehen der Bundesrepublik gehören ein aggressiver Antikommunismus und die gegen linke politische Bewegungen gerichtete Repression zur Staatsdoktrin. Während Nazigegner im Rahmen des im Jahr 2000 vom ehemaligen Bundeskanzler Gerhard Schröder ausgerufenen »Aufstands der Anständigen« Opfer der Umarmungsstrategie der selbsternannten Demokraten wurden, werden sie aktuell mittels der »Extremismustheorie« mit Neofaschisten gleichgesetzt.

Eine der einflussreichsten Zusammenkünfte, die sich angeblich dem Einsatz für die Demokratie verpflichtet fühlen, ist der sogenannte »Veldensteiner Kreis zur Geschichte und Gegenwart von Extremismus und Demokratie«, dessen Anhänger sich seit 1990 zwei Mal im

Jahr treffen. Organisiert werden die Tagungen des »Veldensteiner Kreises« von den bereits erwähnten »Extremismusforschern« Jesse (TU Chemnitz), Backes (Hannah-Arendt-Institut für Totalitarismusforschung, Dresden) und Werner Müller (Universität Rostock). Als »Ort wissenschaftlicher Diskussion« hat sich der unter anderem aus Zeithistorikern, Politik- und Sozialwissenschaftlern bestehende Kreis – eigenen Angaben zufolge – dem Ziel verschrieben, die »vergleichende Extremismusforschung« zu fördern. Dieses Ziel verbinde der »Veldensteiner Kreis« mit »dem Engagement für den demokratischen Verfassungsstaat«, heißt es auf der Internetseite der illustren Vereinigung, bei der sich unter anderem so hochkarätige Referenten wie der ehemalige Leiter der Stasi-Unterlagenbehörde Joachim Gauck, der Leiter der Stasi-Gedenkstädte Berlin-Hohenschönhausen Hubertus Knabe oder Patrick Moreau, der in der Vergangenheit Pamphlete unter anderem gegen die damalige PDS in Thüringen veröffentlichte und dabei Pseudonyme (Peter Christian Segall, Hermann Gleumes) benutzte, um sich selbst zu zitieren.

Moreau trat mehrfach auf Veranstaltungen des Thüringer Landesamtes für Verfassungsschutz auf und veröffentlichte in der Heron Verlagsgesellschaft, einem Tarnunternehmen der Spitzelbehörde, die 1997 vom damaligen Thüringer Verfassungsschutzpräsidenten Helmut Roewer unter dem Decknamen Stephan Seeberg gegründet worden war. Roewer gilt, wie bereits beschrieben, als eine der Schlüsselfiguren im größten Geheimdienstskandal der deutschen Nachkriegsgeschichte Übrigens: Auch er soll bereits als Referent beim »Veldensteiner Kreis« aufgetreten sein.

All den bisherigen Enthüllungen über die Mordserie des »NSU«, die Verbindungen der NPD in militante Nazinetzwerke hinein und dem zunehmenden Rassismus der sogenannten Mitte der Gesellschaft zum Trotz arbeitet der »Veldensteiner Kreis« auch weiterhin an der Delegitimierung der politischen Linken aller Couleur, statt sich – wie der illustre Kreis von sich selbst behauptet – »für den demokratischen Verfassungsstaat zu engagieren«.

Harsche Kritik am Treiben des »Veldensteiner Kreises« übt auch Kerstin Köditz, sächsische Landtagsabgeordnete der Linkspartei und

Sprecherin ihrer Fraktion für antifaschistische Politik. Sie konstatierte, dass »dieses Netzwerk erhebliche Bedeutung für universitäre Karrieren« habe und seine Mitglieder vor allem an Nachhaltigkeit und an die Besetzung der Lehrkörper mit den eigenen Gefolgsleuten dächten. »Bereits mittelfristig führt ein solches konzertiertes Vorgehen zu einer konservativen Hegemonie in den Geisteswissenschaften«, warnte Köditz weiter, die den Mitgliedern des »Veldensteiner Kreises« bescheinigte, keine »wissenschaftliche Denkleistung« zu erbringen. Für Antifaschisten gelte es daher, immer wieder aufzeigen, dass es sich bei dem Wirken des besagten Zusammenschlusses »um ein konservatives Konstrukt« handele. Es sei unverzichtbar, dass das hinter verschlossenen Türen stattfindende Treiben transparent gemacht werde. »Wir sollten bei Personalentscheidungen an den Universitäten genau darauf achten, wer aus diesem Netzwerk kommt. Und wir sollten überprüfen, ob und aus welchen staatlichen Töpfen es finanzielle Mittel für den Kreis gibt – und dann den Geldhahn zudrehen«, so die engagierte Nazigegnerin weiter.

Tatsächlich spielten Anhänger des »Veldensteiner Kreises« bereits in den Nachwendejahren eine unrühmliche Rolle in der Auseinandersetzung mit den damals noch unter dem Label PDS aktiven Sozialisten. So veröffentlichte die Thüringer CDU bzw. ihr Arbeitnehmerflügel CDA, zwei Broschüren, die sich gegen linke Gewerkschafter wie Bodo Ramelow, Frank Spieth und Angelo Lucifero richteten und über die Parteienfinanzierung bezahlt und von dem bereits erwähnten Patrick Moreau geschrieben und unter Decknamen veröffentlicht wurden.

Wes' Geistes Kind die Gründer des »Veldensteiner Kreises« sind, wird auch deutlich, wenn man beachtet, dass etwa Jesse, der beim Rahmen Verbotsverfahren gegen die NPD vor Gericht gegen deren Verbot aufgetreten war, in seinen Büchern von der These ausgeht, dass die Linkspartei und ihr von ihm so bezeichneter »weicher Extremismus« gefährlicher seien, als die NPD.

»Wenn man natürlich eine solche angeblich wissenschaftliche These in die Welt setzt, sind wir bei der bösen Gleichstellung links gleich rechts, und das macht gemeinsames gesellschaftliches Handeln gegen

Nazis nahezu unmöglich. Es sind die Eckhard Jesses und deren Jünger, die dafür sorgen, dass die breite bürgerliche Masse der Menschen sich nicht aufgerufen fühlt, gegen die Nazis auf die Straße zu gehen und bei dem ›Aufstand der Anständigen‹ dabei zu sein. Dann kann man zwar sagen, die Zuständigen sollten handeln, die handeln aber auch nicht. Und wenn man so eine Braunzone wachsen lässt, sind wir eben wieder bei den Zuständen, die die Demokratie gefährden«, monierte diesbezüglich Bodo Ramelow, Fraktionsvorsitzender der Linkspartei im Thüringer Landtag in einem Ende Dezember 2011 erschienenen Interview mit der Tageszeitung *junge Welt.*

Die Rolle eines zentralen Publikationsorgans der Extremismustheoretiker, die der Öffentlichkeit nur allzu gern einen immer brutaler und gegen das Wohl der Menschen gerichteten Kapitalismus als »Demokratie« verkaufen wollen, nimmt das seit 1998 erscheinende »Jahrbuch Extremismus und Demokratie« ein. Dieses Pamphlet wird von Backes, Jesse und Gallus herausgegeben. Es wolle »die wissenschaftliche Beschäftigung mit dem Problemkreis des politischen Extremismus fördern«, konstatieren die Herausgeber. Dabei stehe die Entwicklung in Deutschland im Mittelpunkt, Ereignisse und Konstellationen des jeweils vorausgegangenen Jahres würden dokumentiert und aufgearbeitet, die neu erschienene Literatur umfassend gewürdigt, heißt es weiter. »Das Jahrbuch will die wissenschaftliche Forschung fördern und zugleich Informationen und Impulse für Praktiker (Politiker, Ministerialbeamte, Sicherheitskräfte, Pädagogen usw.) anbieten. Es versteht sich als Diskussionsforum, Nachschlagewerk und Orientierungshilfe zugleich«, so die Herausgeber, das – so jedenfalls die Bundesregierung in ihrer Antwort auf eine Kleine Anfrage der Linksfraktion im Jahr 2010 – »den Prinzipien des demokratischen Verfassungsstaates entspreche«.

»Extremismus und Terrorismus, Rassismus, Antisemitismus, Fremdenfeindlichkeit und Gewalt sind für den demokratischen Rechtsstaat eine stete Herausforderung. Die umfassende Bekämpfung aller Formen des politischen Extremismus ist daher ein wesentlicher Schwerpunkt der Innenpolitik und dient zugleich der Stärkung des gesellschaftlichen Zusammenhalts. (…) Die freiheitliche demokratische Grundordnung kann dauerhaft nicht ohne nachhaltige geistig-politische Auseinandersetzung mit den verschiedenen Formen des Extremismus bewahrt werden«, zitiert die Bundesregierung ausgerechnet aus dem »Verfassungsschutzbericht« 2009 und bestätigt sodann, dass das Bundesinnenministerium »in den Jahren 2009 und 2010 Kontingente des ›Jahrbuches‹ 2008 und 2009 angekauft und die Abgabe an einen Verteiler aus Wissenschaft, politischer Bildung, Medien und Administration veranlasst« habe. »Angekauft wurden Kontingente von 1.000 Exemplaren (Jahrbuch 2008, zum Gesamtpreis von 24.500 Euro) und 400 Exemplaren (Jahrbuch 2009, zum Gesamtpreis von 10.388 Euro)«, so die Bundesregierung weiter, die sich damit – eine Hand wäscht nun eben einmal die andere – offenbar um eine weitreichende Verbreitung des Machwerkes sorgte und es Geheimdiensten, Universitäten und anderen Einrichtungen kostenlos zur Verfügung stellte. Offenbar aufgrund der Anfrage der Linksfraktion wurden übrigens seitens der Bundesregierung im Jahr 2011 keine Exemplare dieser Publikation mehr erworben.

Erst am 16. Januar 2012 – also lange nach Bekanntwerden der »NSU«-Morde – stellte Jesse in einem Interview mit der *Mitteldeutschen Zeitung* übrigens die gewagte These auf, dass Nazis »aufgewertet« würden. Ganz seinen kruden und unwissenschaftlichen Theorien verpflichtet, fügte er hinzu, dass »Linksautonome und Rechtsextremisten (…) einander zur Auseinandersetzung« bräuchten. »Man könnte sagen, beide Gruppen leben geradezu voneinander, sie sind Brüder im Geiste«, so der Extremismustheoretiker.

Die braune »Mitte«

Während satte 74 Prozent der bundesdeutschen Bevölkerung einer Umfrage des Meinungsforschungsinstitutes Forsa von November 2011 zufolge der Meinung sind, dass der Staat zu wenig gegen Neonazis unternehme, setzt Bundesfamilienministerin Kristina Schröder ihren Feldzug gegen deren Gegner dessen ungeachtet fort. Es ist der Extremismus der selbsterklärten politischen Mitte, die sich in der Realität selbst am rechten Rand der Gesellschaft verorten lässt, der ein ausgeprägtes gesellschaftliches Engagement gegen faschistische Mörderbanden und Hetzer be-, wenn nicht gar verhindert und mündigen Bürgern verbieten will, über gesellschaftliche Alternativen zum Kapitalismus auch nur nachzudenken.

Schröder selbst stammt ausgerechnet aus dem hessischen CDU-Landesverband, der maßgeblich von der sogenannten Stahlhelmfraktion, also dem nationalkonservativen Flügel der CDU, geprägt wurde. Insofern verwundert es nicht wirklich, dass die Hessen-CDU nur kurze Zeit nach den Enthüllungen über die »NSU«-Mordserie im November 2011 selbst in die Schlagzeilen geriet. So soll Daniel Budzynski, bis zur Enthüllung des Skandals Schriftführer des CDU-Bezirksverbandes Kassel-Nord, seit Jahren bei der vom Verfassungsschutz beobachteten neofaschistischen Kameradschaft »Freier Widerstand Kassel« aktiv gewesen sein und unter Pseudonym seit geraumer Zeit rechte Propaganda im Internet verbreitet haben. Offenbar aus Solidarität mit der »NSU«-Terrorgruppe soll Budzynski, Medienberichten zufolge, am 17. November die Comicfigur Paulchen Panther auf seine Seite bei dem »sozialen Netzwerk« Facebook gesetzt haben. Also jene Comicfigur, die die Mitglieder und Sympathisanten des »NSU« im Rahmen ihrer Bekenner-DVD verwendet hatten, mittels derer sie sich zu den Morden an den neun Migranten und der Polizistin Michèle Kiesewetter bekannten.

Janine Wissler, Vorsitzende der Linksfraktion im hessischen Landtag, zeigte sich von den Vorgängen nur wenig verwundert, da sich die hessischen Christdemokraten »seit Jahrzehnten als rechter Kampfverband innerhalb der Union« verstünden. Wissler verwies diesbezüglich auch auf aus Hessen stammende prominente CDU-Politiker wie Alfred Dregger, Manfred Kanther, Roland Koch, Hans-Jürgen Irmer und Christean Wagner, denen sie »das Schüren ausländerfeindlicher Ressentiments und deutlich rechtslastige Positionen« vorwarf.

Über weitere Skandale der hessischen CDU berichtete unterdessen Achim Kessler, stellvertretender Landesvorsitzender der Linkspartei in Hessen, in einem am 19. Januar 2012 in der Tageszeitung *junge Welt* veröffentlichten Beitrag.

So habe 2006 Mathias Müller, Mitglied des unionsnahen Studierendenverbandes RCDS und Sprecher der rechtsextremen Burschenschaft »Dresdenia Rugia« geäußert, dass »Skinheads nicht unnatürlich« seien, sondern »ganz normale Jugendliche, die sich zu ihrem Volk und ihrer Nation bekennen«. Erst kurz nach Bekanntwerden der neofaschistischen Aktivitäten von Daniel Budzynski, trat Sebastian Pella, Riedstädter Stadtverordneter und Mitarbeiter des CDU-Landtagsabgeordneten Günter Schork, aus der CDU aus. Ihm war zuvor vorgeworfen worden, für rechte Online-Szenemagazine geschrieben und ein verharmlosendes Buch über den NS-Rassentheoretiker Ludwig Woltmann veröffentlicht zu haben. Trotz allem betonte die CDU-Kreisvorsitzende Ursula Kraft gegenüber dem »Darmstädter Echo«: »Auf keinen Fall steht Pella rechts der *CDU*«.

Rassistische Ausfälle, plumper Nationalismus und Hetze gegen Nazigegner kommen jedoch selbstredend keineswegs nur bei der hessischen CDU vor. Besonders eindrucksvoll präsentierte Anfang Januar 2012 etwa auch die niedersächsische CDU-Landtagsabgeordnete Gudrun Pieper ihr Weltbild. In einer Debatte zum Thema Abschiebungen rief sie der Grünen-Abgeordneten Filiz Polat etwas Ähnliches wie »Am besten hätte man sie abschieben sollen« zu. Piepers CDU-Gesinnungsgenosse, der niedersächsische Bundestagsabgeordnete Michael Grosse-Brömer unterbrach gar eine Bundestagsrede des SPD-Fraktionschefs Frank-Walter Steinmeier, der zum Thema Morde des »Nationalsozialistischen Untergrundes« sprach und sagte »Sorgen wir dafür, dass in diesem Land (…)«, mit den Worten »keine Linksextremisten sind!«.

Schenkt man unterdessen den Untersuchungen verschiedener Wissenschaftler Glauben, dürften besagte Ausführungen kaum erstaunen. So waren – Erkenntnissen des Historikers Hans-Peter Klausch zufolge – insgesamt 71 Landtagsabgeordnete von CDU, FDP und Deutscher Partei in Niedersachsen zuvor überzeugte Nazis und gleichsam höhere Chargen unter anderem in der SS und der SA. Darunter waren in zwölf Fällen Abgeordnete, die sich Hitler noch vor der Machtübergabe an ihn angeschlossen hatten.

Ähnlich sieht es einer Studie des Politikwissenschaftlers Michael

Carlo Klepsch zufolge bei den Landtagsmitgliedern von CDU, Zentrum und FDP in Nordrhein-Westfalen aus. Nach der Befreiung vom Faschismus gaben lediglich zwei Abgeordnete im offiziellen Handbuch des Landtages an, Mitglied der NSDAP gewesen zu sein. Aufgrund der Forschungen Klepschs ergibt sich hingegen ein völlig anderes Bild. So gehörten nicht weniger als 41 Landtagsabgeordnete Mitglied der NSDAP beziehungsweise der SS oder SA an. In zwei Fällen bestand eine Mitgliedschaft in der Waffen-SS. Im Fall des späteren FDP-Abgeordneten Heinz Lange sei zudem nicht auszuschließen, dass er an dem im Juni 1944 begangenen Kriegsverbrechen im französischen Oradour-sur-Glane beteiligt gewesen sei, so Klepsch. Lange gehörte er der daran beteiligten SS-Division »Das Reich« an.

Im Zweifel gegen Antifaschisten – Praktische Konsequenzen der staatlichen Extremismusdoktrin

Fernab der aus der selbsternannten politischen Mitte stammenden besagten Aktivitäten fordert das Bundesfamilienministerium unter Leitung von Frau Kristina Schröder seit 1. Januar 2011 von allen Initiativen, die sich gegen Neofaschismus engagieren ein Bekenntnis zur »freiheitlich-demokratischen Grundordnung«. Um überhaupt die Chance zu haben, Fördermittel aus dem Topf »Maßnahmen für Extremismusprävention« zu erhalten, werden die Initiativen nicht nur genötigt, sich qua Unterschrift zur herrschenden politischen Ordnung zu bekennen, sondern sollen vielmehr auch ausschließen, dass etwaige Bündnispartner »extremistisch« seien.

»Hiermit bestätigen wir, dass wir uns zur freiheitlichen demokratischen Grundordnung der Bundesrepublik Deutschland bekennen und eine den Zielen des Grundgesetzes förderliche Arbeit gewährleisten. Als Träger der geförderten Maßnahme haben wir zudem im Rahmen unserer Möglichkeiten (Literatur, Kontakte zu anderen Trägern, Referenzen, die jährlichen Verfassungsschutzberichte des Bundes und der Länder etc.) und auf eigene Verantwortung dafür Sorge zu tragen, dass die als Partner ausgewählten Organisationen, Referenten etc. sich ebenfalls zu den Zielen des Grundgesetzes verpflichten. Uns ist bewusst, dass keinesfalls der Anschein erweckt werden darf, dass eine Unterstützung extremistischer Strukturen durch die Gewährung materieller oder immaterieller Leistungen Vorschub geleistet wird«, heißt es in der zu unterzeichnenden Erklärung. Was soll das sein, wenn nicht eine unverhohlene Aufforderung, andere Nazigegner auszuforschen?

Kritikern der von ihr ins Leben gerufenen Praxis hielt Schröder entgegen: »Wer würde denn allen Ernstes einem bekennenden Pyromanen ein Feuerzeug in die Hand drücken, nur weil der sich auch bei der freiwilligen Feuerwehr engagiert? Genauso wenig werden wir extremistische Gruppen unterstützen, nur weil sie sich auch gegen andere Extremisten wenden.«

Harsche Kritik an der geforderten Unterzeichnung der umgangssprachlich Extremismusklausel genannten Erklärung aus dem Hause Schröder übte unterdessen das »Alternative Kultur- und Bildungszentrum Sächsische Schweiz e. V.«, kurz AKuBiZ. Die Mitglieder des Vereins, der noch 2004, 2005 und 2006 mit dem Preis »Botschafter der Toleranz« der Bundesregierung, 2006 und 2007 mit dem Preis »Ausdrucksstark gegen Rechts« und 2006 mit dem Ehrenamtspreis des Landkreises Sächsische Schweiz für seine Arbeit ausgezeichnet wurde, verzichtete 2010 auf die Entgegennahme des »Sächsischen Demokratiepreises«, um gegen die Verpflichtung zur Bespitzelung seiner Bündnispartner zu protestieren.

»Im Schreiben heißt es, dass wir als Nominierte nicht den Anschein erwecken dürfen ›extremistische Strukturen‹ zu unterstützen. Aber ab wann erwecken wir den Anschein? Die jahrelange Unterstützung der Gegenaktivitäten zu Europas größtem Naziaufmarsch in Dresden erfüllt nach Ansicht der Behörden mit hoher Wahrscheinlichkeit diesen Punkt. Uns aber ist es ein Anliegen, dass Nazis nicht ungestört durch die Straßen laufen können, um ihre menschenverachtenden, mörderischen Ideologien zu verbreiten. Weiterhin fordert die Grundsatzerklärung die Pflicht ein, dass wir als Nominierte alle unsere Partner und Partnerinnen auf ›Extremismus‹ prüfen. Dafür schlagen die Verfasser u. a. Nachfragen bei den Verfassungsschutzämtern vor.

Wir aber wählen seit Jahren unsere Partner und Partnerinnen danach aus, ob sie humanistische Grundsätze teilen, sich gegen Diskriminierung und für gesellschaftliche Teilhabe einsetzen. Wir glauben dies auch besser einschätzen zu können, als der Verfassungsschutz, dem Gerichte wiederholt attestierten, fehleinzuschätzen«, so das AKuBiZ in seiner Erklärung. Verschiedene Gutachten – eines davon sogar verfasst vom Wissenschaftlichen Dienst des Bundestages – kommen zu dem Schluss, dass die Extremismusklausel das Gebot der Verhältnismäßigkeit verletze und auch das Recht auf Meinungsfreiheit berühre.

Die Nazigegner monierten außerdem, dass »nach der Definition von Bundesregierung und den Verfassungsschutzbehörden« »beispielsweise Organisationen, die eine sozialistische Gesellschaft anstreben als ›extremistisch‹ anzusehen« seien. »Danach wäre uns selbst eine Zusammenarbeit mit der SPD oder der Linken untersagt. Die intransparente Kategorisierung von Initiativen, die sich gegen Rechts engagieren, werden wir nicht mit einer unsolidarischen ›Gesinnungsprüfung‹ unterstützen«, so die Vereinsmitglieder weiter, die nunmehr aufgrund ihrer Charakterstärke auf staatliche Fördergelder verzichten müssen.

Indes startete das Schröder-Ministerium weitere Angriffe auf diejenigen, die sich tagtäglich dem Kampf gegen Neofaschismus, Rassismus und Antisemitismus verpflichtet fühlen. Keineswegs macht die Bundesfamilienministerin dabei vor demokratischen Presseerzeugnissen halt. So förderte das Familienministerium mit insgesamt 120.000 Euro eine Broschüre mit dem fadenscheinigen Titel »Demokratie stärken – Linksextremismus verhindern« der »Zeitbild Stiftung«, die sich angeblich der »Bildung und Erziehung von Kindern und Jugendlichen, die in sozial schwierigen Verhältnissen in Deutschland aufwachsen«, verpflichtet fühle, wie sie auf ihrer Internetseite betont. »Wissenschaftlich« begleitet wurde die Publikation – welch Wunder – von Prof. Dr. Eckhard Jesse, dessen Porträt im Informationsheft gleich mehrfach abgebildet ist.

Das Vorwort dieser Broschüre, die sich ausgerechnet an Schüler und Lehrer wendet und in einer Auflage von 25.430 Exemplaren gedruckt wurde, demonstriert eindrucksvoll das hierzulande bestehende

Bildungsproblem. »Unsere Demokratie lebt vom Meinungsaustausch und vom Streit um die beste Lösung. Deshalb braucht die Demokratie Menschen, die sich aktiv einmischen und sich vernehmbar zu Wort melden«, schwadroniert Köhler in dem von ihr verfassten Einleitungstext, um dann Personenkreise, die sich politisch einbringen – wie etwa Antifaschisten – als »Extremisten« zu verunglimpfen, die »scheinbar einfache Antworten und schnelle Lösungen – auf Kosten unserer demokratischen Werte und unserer rechtsstaatlichen Grundprinzipien« – böten.

Als linksextremistisch diffamiert wurden die Band »Ton Steine Scherben«, linke Gruppen und Parteien sowie die Tageszeitungen *junge Welt* und *neues deutschland*.

DDR verantwortlich für Naziterror?

Es konnte nur eine Frage kürzester Zeit sein, bis sich die ersten Stimmen äußern würden, die der mittlerweile seit mehr als 20 Jahren nicht mehr existenten Deutschen Demokratischen Republik die Schuld am Terror des »NSU« zuschreiben würden.

Indirekt wird dieser Vorwurf gar durch sogenannte zivilgesellschaftliche Initiativen manifestiert, die die durch rechte Gewalt zu Tode gekommenen Menschen seit 1990 zählen – und damit gewollt oder ungewollt implizieren, dass es davor im Westen der Republik keine rechten Morde gegeben habe. Gravierende Anschläge von Neofaschisten – wie etwa das blutige Attentat auf das Münchner Oktoberfest am 26. September 1980, bei dem 13 Menschen getötet und über 200 Personen verletzt wurden – bleiben somit in der öffentlichen Debatte außen vor und finden sich erst gar nicht in den Statistiken wieder.

»In vielen ostdeutschen Innenstädten dominierten in den 90er Jahren kahl rasierte Köpfe das Erscheinungsbild. Westliche Besucher glaubten, sich im ›falschen Film‹ zu befinden. Mehrere Umfragen stellten neben karriereorientierter Überanpassung ein hohes Ausmaß an Intoleranz und Gewaltbereitschaft unter ostdeutschen Jugendlichen fest. ›Normale‹ Jugendliche, die auch im Osten die Mehrheit stellten, wurden von den Betrachtern kaum zur Kenntnis genommen«, heißt es etwa in einem von Klaus Schroeder, dem Leiter des »Forschungsverbundes SED-Staat« an der Freien Universität Berlin, der am 8. Dezember 2011 im Berliner *Tagesspiegel* erschien.

Natürlich ist nicht zu leugnen, dass eine überdurchschnittliche Zahl an jungen Männern braunem Gedankengut anhing, Schroeder unterschlägt jedoch die nahezu komplett die Gründe dafür. So geht er mit keinem Satz darauf ein, dass es eben eine Reihe hochrangiger westdeutscher Nazikader war, die sofort nach dem Fall der Mauer heuschreckenplagenartig gen Osten strömten, um die soziale Unsicherheit und den zunehmend aufkommenden Nationalismus und den bei vielen ehemaligen DDR-Bürgern grassierenden »Großdeutschlandhype« für ihre Zwecke zu benutzen.

Schroeder geht jedoch noch weiter, indem er behauptet, »die sich selbst als antifaschistisch und links bezeichnende SED-Diktatur« habe »eine mit rechten Werten spielende Subkultur hervorgebracht«.

Ist das wirklich nur historische Ignoranz? Man mag ja von der DDR halten, was man will, doch schwerlich zu bestreiten ist, dass es – ganz im Gegensatz zur Bundesrepublik Deutschland, die in nahezu allen sensiblen Bereichen maßgeblich von Amts- und Würdenträgern ihres faschistischen Vorgängers aufgebaut wurde – Antifaschisten und Opfer des Naziregimes waren, die versuchten, dort einen neuen Staat zu errichten und die Wurzeln des Nazismus auszureißen.

Noch offensichtlicher wird der legitimatorische Charakter seiner Thesen, wenn Schroeder behauptet, dass »Verwahrlosung, höhere Gewaltbereitschaft und fremdenfeindliche Einstellungen (…) im Kern schon vor 1989 in der DDR stärker ausgeprägt« gewesen seien »als in der Bundesrepublik, wo in den 80er Jahren rechtsradikale Parteien und neonazistische Gruppen zurückgedrängt werden konnten.« »Darüber hinaus hatte die Partei gegen ›schwer erziehbare‹ gewalttätige Jugendliche rigide durchgegriffen, sie in Heime, ›Jugendwerkhöfe‹ oder Gefängnisse gesteckt«, führt Schroeder weiter aus und geht dabei souverän hinweg über die tausenden von Heimkindern in den staatlichen »Fürsorgeheimen« und kirchlichen Einrichtungen in der

BRD der 1970er und 1980er Jahre zuteil gewordene Geschichte der Erniedrigung, des sexuellen Missbrauches und der brutalen Gewalt.

Keineswegs soll es hier darum gehen, Missstände, die in der DDR existierten auch zu benennen. Es ist aber von Nöten, diese in einem historischen Kontext zu betrachten und sich nicht von einem ausgeprägten antikommunistischem Weltbild und einer Schönfärberei des westdeutschen Establishments leiten zu lassen, welches den Dreck vor der eigenen Haustür nur allzu gern dem sozialistischen Nachbarstaat unterjubeln möchte.

Diejenigen, die sich ein realistisches Bild von der Deutschen Demokratischen Republik machen wollen, sollten sich indes an den Worten des ehemaligen Staats- und Parteichefs der DDR, Egon Krenz, orientieren, der den Ausspruch »Machen wir die DDR nicht schlechter als sie war und die BRD nicht besser als sie ist!« geprägt hat.

7. »Sächsische Verhältnisse« – Ein Lehrstück bundesdeutscher »Demokratie«

Dass ein engagierter Antifaschismus trotz aller Beteuerungen seitens der offiziellen Politik in der Bundesrepublik alles andere als erwünscht ist, zeigt der Umgang von Polizei, Justiz und etablierter Politik mit den mittlerweile traditionellen Protesten tausender Nazigegner alljährlich im Februar in Dresden. Dort war es 2010 und 2011 gelungen, mittels friedlicher Massenblockaden die Aufmarschversuche der Neonazis zu stoppen. Wie bereits in den Vorjahren wollten diese zum Jahrestag der alliierten Bombenangriffe auf die Stadt 1945 aufmarschieren, um ihre Propaganda von einem »Bombenholocaust« gegen die Dresdner Zivilbevölkerung zu verbreiten. Während ihre Gegner im Februar 2010 von den tausenden Polizeibeamten, die zum Schutz der Neonazis nach Dresden abkommandiert worden waren, noch »einzig« mit Pfefferspray und Schlagstöcken malträtiert wurden, wurde das Ausmaß der staatlichen Repression gegen sie 2011 extrem verschärft und führte dazu, dass Sachsen – so der Berliner Historiker Wolfgang

Wippermann – das »rechtskonservativste und unfreieste Bundesland der Republik« sei und dort Dinge geschähen, die sich nicht einmal George Orwell habe vorstellen können.

Tatsächlich hatte das sächsische Landeskriminalamt am 19. Februar 2011 hunderttausende Datensätze von Mobiltelefonen mittels einer sogenannten Funkzellenabfrage gespeichert und dabei auch sogenannte IMSI-Catcher eingesetzt, mit deren Hilfe Telefongespräche mitgehört werden können. Insgesamt 896.072 Handy-Verbindungsdaten soll das LKA gespeichert haben und daraus 257.858 Rufnummern und folglich 40.732 Namen und Adressen ermittelt haben. Noch vor Beginn der antifaschistischen Proteste sollen die Beamten außerdem Listen unter anderem mit Namen von Politikern und Pfarrern samt deren mutmaßlicher Aufenthaltsorte bei den Protesten an die Staatsanwaltschaft der sächsischen Landeshauptstadt weitergegeben haben. Während im Dresdner Stadtteil Plauen etwa 1.000 Neonazis – unbehelligt – marodierend durch die Straßen ziehen und vermeintliche Nazigegner angreifen konnten, ging die Polizei im Dresdner Stadtgebiet vielerorts mit brutaler Gewalt gegen friedliche Gegendemonstranten vor. So hetzten Beamte Hunde auf sie, versprühten wahllos und in Unmengen Pfefferspray und prügelten mit Schlagstöcken sogar auf betagte Mitglieder der Vereinigung der Verfolgten des Naziregimes – Bund der Antifaschistinnen und Antifaschisten (VVN-BdA) ein.

Totale Überwachung

Selbst mit Kameras bestückte Minihubschrauber, die ursprünglich nur aus Kriegsgebieten bekannt waren, nun aber auch bei Demonstrationen und Fußballspielen eingesetzt werden, kamen in der Elbmetropole zum Einsatz. Spätestens dieser Einsatz bewies nachdrücklich, wie sehr die herrschende Politik auf die Militarisierung der bundesdeutschen Innenpolitik angelegt ist. Nahezu unbeachtet von der Öffentlichkeit fand zudem erst Ende 2011 im Bundestag eine erste Lesung zum Thema »Änderung des Luftverkehrsgesetzes« statt. Besagtes Gesetz, welches unter Federführung von Bundesverkehrsminister Peter Ramsauer (CSU) erarbeitet wurde, sieht vor, dass zukünftig »bemannte und unbemannte Luftfahrtgeräte gleichberechtigt am Luftverkehr teilnehmen« dürfen. »Es liegt auf der Hand, dass die gleichberechtigte Teilnahme von Drohnen am Luftverkehr nicht nur dem technischen Fortschritt dienen wird, sondern auch zum Ausbau eines Überwachungsstaates maßgeblich beitragen kann. So spricht der Gesetzentwurf ausdrücklich auch die polizeiliche Verwendung von Drohnen an. Deswegen ist jetzt schon absehbar, dass in einer zukünftigen Diskussion über den polizeilichen Einsatz solcher Überwachungsdrohnen auf die bisher bewährte Salamitaktik zurückgegriffen werden wird«, warnte Wolfgang Neskovic, Mitglied des Parlamentarischen Kontrollgremiums und Bundestagsabgeordneter der Linksfraktion, vor einer zunehmenden Militarisierung.

Doch damit nicht genug. Noch am Abend des 19. Februar stürmte ein schwer bewaffnetes Sondereinsatzkommando der Polizei das »Haus der Begegnung« in Dresden, in dem sich auch Büros der Linkspartei und eine Rechtsanwaltskanzlei befinden. Wegen des »Verdachts auf die Organisation einer Straftat und Landfriedensbruch« brachen die Beamten gewaltsam alle Türen des Hauses auf, beschlagnahmten Laptops und Handys, legten anwesende Linke-Mitarbeiter in Handschellen und nahmen sie fest. Durch die nahezu filmreife Erstürmung wurde ein Sachschaden von über 5.600 Euro verursacht. Im Oktober 2011 urteilte zwar das Amtsgericht Dresden, die Razzia sei rechtswidrig gewesen, ernsthafte Konsequenzen für die Polizei blieben jedoch aus. Ungeachtet der Kritik an der Aussetzung der Bürgerrechte setzten Ermittler und Strafverfolger ihre Kriminalisierungsstrategie vielmehr über das gesamte Jahr 2011 fort. So schrieb etwa eine eigens eingerichtete »Sonderkommission 19/2« der Dresdner Polizei bundesweit Busunternehmen an, die am 19. Februar 2011 Demonstranten in die Elbmetropole gefahren hatten. In dem Schreiben, das mit der Überschrift »Ermittlungsverfahren wegen des Verdachts des besonders schweren Falls des Landfriedensbruches / Ermittlungen zu Busunternehmen« versehen wurde, wurde seitens der Polizei der falsche Eindruck erweckt, es würde gegen die Reiseveranstalter selbst ermittelt und diese seien somit zu einer Antwort verpflichtet. In dem Brief wurde unter anderem Auskunft darüber verlangt, welche genauen Strecken von den Bussen an besagtem Tag zurückgelegt wurden, wo Pausen eingelegt wurden und wo genau die Abreisepunkte waren. Außerdem wollte die Sonderkommission wissen, welche Personen die Busse gefahren hätten und wer sie angemietet habe. Die Inhaber der Betriebe sollten diesbezüglich nicht nur die Anschriften der Busfahrer und -anmieter übermitteln, sondern auch Informationen über die Zahlungsmodalitäten. Aller Kritik von Bürgerrechtlern und Politikern von Linken und Bündnis 90/Die Grünen zum Trotz, stellte sich der sächsische Innenminister Markus Ulbig (CDU) hinter die Polizei. Diese habe die Busunternehmen mit Wissen der örtlichen Staatsanwaltschaft angeschrieben. Die Ermittlungsbehörden, so Ulbig, hätten bei Bestehen eines Strafverdachts diesen zu verfolgen und den »Sachverhalt zu erforschen«. Dabei gelte »der Grundsatz der freien Gestaltung des Ermittlungsverfahrens, wobei der Grundsatz der Verhältnismäßigkeit der Mittel zu beachten« sei. »Mit dieser Zielstellung wurde die bundesweite Abfrage durchgeführt«, stellte Ulbig im Juli 2011 fest. Die Übermittlung der gewonnenen Daten an öffentliche Stellen und deren Nutzung sei zum Zwecke der Verfolgung von Straftaten zulässig und im vorliegenden Fall auch erforderlich, so der Innenminister weiter.

Auch andere Politiker von CDU und der im Freistaat mitregierenden FDP stellten sich hinter die staatlichen Maßnahmen wie etwa die Einleitung von Ermittlungen nach Paragraph 129 des Strafgesetzbuches (»Bildung einer kriminellen Vereinigung«) gegen Mitglieder des bundesweiten antifaschistischen Bündnisses »Dresden stellt sich quer!«, das die friedlichen Blockaden organisiert hatte und unter anderem von Gewerkschaftsgliederungen, diversen Bundestags-, Landtags- und Europaparlamentsabgeordneten von Linkspartei, SPD und Bündnis 90/Die Grünen unterstützt wurden. Ebenso betrachteten die »schwarz-gelben« Koalitionäre Hausdurchsuchungen, die unter anderem bei Antifaschisten in Berlin und Baden-Württemberg sowie beim Jenaer Jugendpfarrer Lothar König durchgeführt wurden, offenbar mit einer besonders ausgeprägten Genugtuung. Ausgerechnet dem

Jugendpfarrer König war sogar unterstellt worden, zur Gewalt gegen Polizeibeamte aufgerufen zu haben. Es folgten außerdem – wegen angeblicher »Rädelsführerschaft« bei der Blockade des Dresdner Naziaufmarsches am 13. Februar 2010 – die Aufhebung der Immunität der Linksfraktionschefs André Hahn (Sachsen), Bodo Ramelow (Thüringen), Janine Wissler und Willi van Ooyen (Hessen). André Hahns Immunitätsaufhebung 2011 im sächsischen Landtag wurde von einer bemerkenswerten Koalition durchgefochten. Sie bestand aus CDU, FDP und NPD.

Im Januar 2012 wurde dem Linken-Politiker sodann ein Strafbefehl überstellt, gegen den er Einspruch einlegte. Wegen einer angeblichen »Störung von Aufzügen gemäß §21 Versammlungsgesetz, §25 StGB« sollte der Linken-Fraktionschef 3.000 Euro Strafe zahlen, da er am 13. Februar 2010 den Nazi-Aufmarsch am Bahnhof Dresden-Neustadt »vereitelt« und damit »eine grobe Störung verursacht« habe. »Es erstaunt mich sehr, dass sich wirklich ein Richter finden ließ, der trotz der äußerst dürren Beweislage und zweifelhafter Rechtsgrundlage bereit war, diesen Strafbefehl mit den seit langem bekannten Vorwürfen der Dresdner Staatsanwaltschaft zu unterschreiben. (…) Ich bleibe dabei: Die Vorwürfe der Staatsanwaltschaft sind in jeder Hinsicht absurd; wenn aber die Staatsanwaltschaft partout meint, gegen mich vorgehen zu sollen, muss das in öffentlicher Verhandlung vor Gericht ausgestritten werden, falls ein Richter bereit ist, die Anklage zuzulassen. Für den Ausgang eines solchen Verfahrens bin ich mehr als zuversichtlich, zumal ja die sächsische Justiz zum Glück nicht die letzte Instanz ist«, kommentierte Hahn den gegen ihn gerichteten Kriminalisierungswahn der sächsischen Behörden.

»Das Spiel der Neonazis«

Während der Berliner Staatsrechtler Ulrich Battis in einem im Auftrag der sächsischen Landesregierung erarbeiteten Gutachten zu dem Schluss kam, dass die nahezu flächendeckende Überwachung von Bürgern und Demonstranten in Dresden »angemessen« gewesen sei, übten das »Komitee für Grundrechte und Demokratie« und der »Republikanische Anwältinnen- und Anwälteverein« (RAV) massive Kritik an Behörden und Politik. So kam der RAV in einer im Januar 2012 veröffentlichten Erklärung zu dem Schluss, dass das staatliche Vorgehen gegen die rund 20.000 Nazigegner, die sich an den friedlichen Blockaden beteiligten, »als Versuchslabor für das Vorgehen gegen soziale Bewegungen angesehen werden« müsse. »Die politischen und rechtlichen Auseinandersetzungen um das Vorgehen der Sicherheitsbehörden und das damit entstehende Klima könnten bundesweit die rechtlichen und politischen Maßstäbe sicherheitsbehördlichen Handelns verschieben – sei es bei der Funkzellenabfrage, der Konstruktion krimineller Vereinigungen oder dem Vorgehen gegen zivilen Ungehorsam und andere Formen zivilgesellschaftlichen Protestes«, konstatierten die Juristen. Sie warfen den Strafverfolgungsbehörden vor, »bei der Verfolgung antifaschistischer und zivilgesellschaftlicher Aktivitäten gegen den ehemals größten Neonaziaufmarsch in Europa (...) systematisch zu offensichtlich rechtswidrigen Maßnahmen« gegriffen zu haben. Die Repression habe sich dabei »nicht gegen einzelne ›Gewalttäter‹« gerichtet, »sondern betrifft sämtliche Formen des Protestes gegen den Neonaziaufmarsch und die Aktionsform des zivilen Ungehorsams im Besonderen.« Und weiter: »Die zuständigen Sicherheitsbehörden und das sie unterstützende mediale und politische Spektrum spielen das Spiel der Neonazis. Den Beteiligten ist bewusst, dass sie mit ihrem Vorgehen alles dafür tun, den Neonazis wieder einen Aufmarsch zu ermöglichen. Dies gilt es, zu benennen und politisch zu skandalisieren. Das Problem ist der Naziaufmarsch, nicht die Aktivitäten dagegen«, heißt es in der Erklärung des RAV.

Ähnlich äußerte sich das »Komitee für Grundrechte und Demokratie«, welches sich gemeinsam mit Politikern von Linkspartei, SPD, Grünen und anderen Bürgerrechtlern zu einer »Untersuchungskommission 19. Februar« zusammengeschlossen hatte und gleich zu Beginn ihres im Februar 2012 veröffentlichen Berichtes zu dem Ergebnis kam, dass – entgegen den polizeilichen und regierungspolitischen Darstellungen – Dresden im Februar 2011 eben »nicht von Ausschreitungen und Gewalttätigkeiten« von Nazigegnern gekennzeichnet war.

Vielmehr hätten sich die antifaschistischen Demonstrationen und Massenblockaden, dadurch ausgezeichnet, dass »zehntausende Bürgerinnen und Bürger ihr Grundrecht auf Versammlungsfreiheit ›gewaltfrei und ohne Waffen‹ in ihre Hände« genommen hätten. Harsche Kritik übten die Verfasser in dem insgesamt 65 Seiten starken Bericht indes an den sächsischen Behörden. »Der Umgang der sächsischen Behörden mit dem Versammlungsrecht sowie die Kriminalisierung von zivilgesellschaftlichem Engagement zeugt von einem vordemokratischen Zustand in diesem Bundesland«, kritisierte etwa Ringo Bischoff, Bundesjugendsekretär der ver.di-Jugend. Auch Wolf-Dieter Narr vom »Komitee für Grundrechte und Demokratie« schloss sich der Kritik an den »sächsischen Verhältnissen« an und betonte, dass »eine der vornehmsten demokratischen Praktiken im demonstrativen Handeln« bestehe. »Wer dieses gefährdet – wie es die sächsische Regierung und ›ihre‹ Polizei getan haben – gefährdet eine der ausschlaggebenden Grundlagen der Verfassung«, konstatierte der Bürgerrechtler bei der Vorstellung des Untersuchungskommissionsberichtes

Anstatt die Kritik der Bürgerrechtler ernstzunehmen, holte die schwarz-gelbe Sachsenregierung im Januar 2012 zu einem neuerlichen Schlag gegen die Grund- und Freiheitsrechte aus und änderte – ganz der staatlichen Extremismusdoktrin verpflichtet – erneut das Versammlungsrecht des Freistaates. Die rechtskonservativen und nationalliberalen Politiker hatten bereits 2010 einen gemeinsamen Entwurf zur Novellierung des »Gesetzes über Versammlungen und Aufzüge im Freistaat Sachsen« beschlossen und schon zuvor in ihrem Koalitionsvertrag angekündigt, »alle versammlungsrechtlichen Möglichkeiten« nutzen zu wollen, nicht etwa um den Nazis, sondern vielmehr vorgeblichen »Extremisten in Sachsen deutliche Grenzen zu setzen«. Dem damaligen Gesetzentwurf zufolge sollte eine Demonstration zukünftig verboten werden können, wenn sie »an einem Ort von historisch herausragender Bedeutung stattfindet, der an Menschen, die unter der nationalsozialistischen oder der kommunistischen Gewaltherrschaft Opfer menschenunwürdiger Behandlung waren, Menschen, die Widerstand gegen die nationalsozialistische oder kommunistische Gewaltherrschaft geleistet haben, oder die Opfer eines Krieges erinnert«.

Als Orte in diesem Sinne hatten die Schwarz-Gelben dabei etwa das Leipziger Völkerschlachtdenkmal, die Dresdner Frauenkirche sowie am 13. und 14. Februar Teile des Stadtgebiets der sächsischen Landeshauptstadt ausgemacht. Die Gesetzesnovelle war jedoch im April 2011 vom sächsischen Verfassungsgerichtshof wegen gravierender Formfehler für nichtig erklärt worden. Daher mussten die Regierungsfraktionen im Januar 2012 erneut über die Gesetzesverschärfung abstimmen, für die sie sodann im Landtag auch wieder eine Mehrheit erhielten.

Neben der weiteren massiven Beschneidung des Versammlungsrechtes, gingen konservative Politiker und Medien massiv gegen Kritiker des staatlich-sächsischen Demokratieverständnisses vor. Eines der prominentesten Opfer wurde neben dem Historiker Wolfgang Wippermann und Bundestagsvizepräsident Wolfgang Thierse der sächsische SPD-Landtagsabgeordnete Karl Nolle. Dieser hatte im Oktober 2011 im Interview mit der Tageszeitung *junge Welt* konstatiert, dass »der Rechtsstaat in Sachsen auf dünnen Beinen« stehe. »Rechtsstaat und Verfassung scheinen bei Teilen der Staatsanwaltschaft und Polizei völlig aus dem Ruder gelaufen zu sein«, so Nolle, der zudem darauf verwies, dass einige hundert Neonazis am 13. Februar 2010 unter direkter Polizeibeobachtung im Neustädter Bahnhof »Ruhm und Ehre der Waffen-SS« skandiert hätten, ohne dass dies für die Staatsanwaltschaft ein Grund gewesen sei, Ermittlungen einzuleiten. »Im Vergleich zu Sachsen ist Bayern ein Hort des Liberalismus«, konstatierte der engagierte SPD-Abgeordnete weiter und bezeichnete es als »einmalig in der Bundesrepublik, in welcher Weise das schwarz verfilzte Land seit 20 Jahren von der herrschenden CDU-Partei- und Staatsführung mit ihrem schwarzen Gesangbuch durchorganisiert« worden sei. »Das ist der eigentliche Sachsensumpf, in dem Teile der Justiz bei der Verfolgung von Regierungskriminalität, Untreue, Korruption und Amtsmißbrauch wie eine institutionalisierte Strafvereitelungsbehörde wirken«, so Nolle.

Seine deutlichen Worte riefen selbstredend umgehend seine politischen Gegner auf den Plan. Einer, der sich am wortgewaltigsten gerierte, war der FDP-Landtagsabgeordnete Benjamin Karabinski.

Der innenpolitische Sprecher der FDP-Fraktion im sächsischen Landtag war bereits zuvor, im Oktober 2011, aufgefallen, als er eine mediale Hetzkampagne gegen das antifaschistische Bündnis »Dresden Nazifrei!«, welches ein öffentliches Blockadetraining in der Elbmetropole durchführen wollte, noch anheizte. Die Ankündigung der Nazigegner, legale und ordnungsgemäß angemeldete Versammlungen durch rechtswidrige Blockaden zu verhindern, stelle einen »Aufruf zum Rechts- und letztlich zum Verfassungsbruch« dar, fabulierte der Innenpolitiker. Zudem warf er »den Akteuren, die hinter ›Dresden nazifrei‹ stecken«, vor, »weiter hemmungslos ihren Weg der Eskalation« zu beschreiten. Sie würden offenkundig schon jetzt in Kauf nehmen, dass »die Gewaltexzesse im kommenden Februar die vergangenen noch übertreffen« würden. Karabinski unterstellte den Antifaschisten – und nicht etwa den Nazis – außerdem, »Dresden und die Dresdner in Geiselhaft für ihren ideologischen Großkampftag im Februar« nehmen zu wollen. »Unter dem moralischen Deckmäntelchen des Antifaschismus nehmen aber auch Linkspartei, SPD und Grüne billigend in Kauf, daß Dresden zum Tummelplatz und Aufmarschgebiet gewaltbereiter Autonomer aus ganz Deutschland wird. Anders ist ihr gemeinsames Engagement unter anderem mit Extremisten und Spinnern von DKP, MLPD oder Antifa im sogenannten Bündnis ›Dresden nazifrei‹ nicht mehr zu erklären«, giftete der Landtagsabgeordnete damals in einer Erklärung weiter.

Bezüglich der von Karl Nolle geäußerten Kritik erklärte der liberale Karabinski mit Hilfe der rechten Postille *Junge Freiheit* die Hatz auf den SPD-Politiker für eröffnet und bezichtigte den engagierten Antifaschisten, nicht nur den Freistaat und seine »rechtsstaatlichen Institutionen«, sondern »letztlich auch alle Bürger Sachsens« zu diffamieren. Auch der sächsische CDU-Innenpolitiker Christian Hartmann stieg – ebenfalls in der Internetausgabe der *Jungen Freiheit* – in die inszenierte Debatte ein. »Polizei und Justiz haben die ihnen durch Verfassung und Gesetz übertragenen Aufgaben pflichtgemäß im Interesse und zum Schutz der Bürgerinnen und Bürger erfüllt«, behauptete der Christdemokrat und forderte – ausgerechnet in dem Rechtsaußenblatt –, bei der Bewertung der Justizschelte nicht zu vergessen, wer Kritik an den sächsischen Behörden in welcher Zeitung geäußert habe. Lorenz Haase, Sprecher der Dresdner Staatsanwaltschaft, stimmte in den Chor der Nolle-Kritiker ein. Dessen Aussagen seien »absurd« und zeugten von »Unkenntnis grundlegender Prinzipien der Aufgaben und der Arbeit von Polizei und Staatsanwaltschaft«, äußerte Haase ebenfalls gegenüber der *Jungen Freiheit.* Der Oberstaatsanwalt wies zudem den Vorwurf zurück, seine Behörde kriminalisiere friedliche Demonstranten, obwohl selbst der juristische Dienst des Deutschen Bundestages im Zusammenhang mit den Dresdner Vorgängen von rechtswidrigen Verfolgungsmaßnahmen gesprochen hatte.

Grundrechte außer Kraft gesetzt

Obwohl eine Reihe von Parlamentariern und Journalisten, die aufgrund ihres Berufsstandes mit besonderen Rechten ausgestattet sind, im Nachgang an die stattgefundenen erfolgreichen antifaschistischen Proteste, Strafanzeige wegen der ganz offensichtlich rechtswidrigen »Funkzellenüberwachung« ihrer Mobiltelefone erstatteten, setzte die Dresdner Staatsanwaltschaft ihrer Kriminalisierungsstrategie entschlossen fort. So verweigerten die Behörden mehreren hundert Personen sogar Informationen darüber, ob ihre Daten gespeichert worden seien. Auf Anfragen, die bereits im Juni 2011 gestellt worden waren, antwortete die Staatsanwaltschaft der sächsischen Landeshauptstadt im Januar 2012, dass »die Frist zur Auskunftserteilung« um weitere sechs Monate verlängert worden sei, da wegen des »Umfanges und der Schwierigkeit der Ermittlungen weiterhin ein Geheimhaltungsbedürfnis besteht«. In einem an Dreistigkeit kaum noch zu überbietenden Schreiben, teilte die Staatsanwaltschaft darüber hinaus mit, dass – damit überhaupt eine Benachrichtigung erfolgen könne – »aus datenschutzrechtlichen Gründen die Glaubhaftmachung erforderlich« sei, dass »die von Ihnen in dem Auskunftsersuchen angegebene/angegebenen Telefonnummer(n) unter Ihrem Namen registriert sind und die Staatsanwaltschaft daher berechtigt ist, Ihnen – als berechtigtem Anschlussinhaber – Auskunft zu erteilen«. »Nach hiesiger Auffassung verbietet sich die Überprüfung des Anschlussinhabers durch die Staatsanwaltschaft, da in diesem Falle Ermittlungen bzw. Nachforschungen erfolgen würden«, die »nicht zulässig wären«. »Es wird daher darum gebeten, zur Glaubhaftmachung Unterlagen einzureichen, aus der sich Telefonnummer und Name ergeben. Andernfalls kann Ihnen die erbetene Auskunft nicht erteilt werden«, so eine Behörde, die zuvor rechtswidrig millionenfach Telekommunikationsdaten gespeichert hatte in ihrem Schreiben, das mit einer Fristsetzung von 14 Tagen endet. »Sollte bis dahin keine Rückmeldung eingegangen sein, wird davon ausgegangen, dass Sie Ihr Anliegen nicht weiter verfolgen«, lautet der abschließende Satz der Dresdner Justizbehörde, die für sie gültige Fristen offenbar nach Lust und Laune definiert. Auch Sachsens Generalstaatsanwalt Klaus Fleischmann betonte noch in der *tageszeitung* (*taz*) vom 31. Dezember 2011, dass »auch mit dem jetzigen Kenntnisstand« der Einsatz der sogenannten Funkzellenabfrage »verhältnismäßig« gewesen sei.

Unterdessen wurde bekannt, dass die »Funkzellenabfrage« von Polizeibehörden verschiedener Bundesländer öfter eingesetzt wird, als bisher öffentlich bekannt. So kam es etwa in Berlin seit 2008 – also während der Regierungszeit von Linkspartei und SPD – zu insgesamt 375 »Funkzellenabfragen«, im Rahmen derer 4,2 Millionen Handyverbindungsdaten gespeichert wurden, weil die Behörden bei ihren Ermittlungen zu Autobrandstiftungen nicht weiterkamen. Weitere 35 Abfragen seien fernab dessen wegen anderer politischer Straftaten wie etwa Sprengstoffanschlägen, Tötungsdelikten und Brandanschlägen – unter anderem auf politische Einrichtungen – durchgeführt worden. Der Eingriff in die Grundrechte der Bürger habe dabei »islamistische, rechts- wie linksextreme Motive« betroffen, berichtete die Berliner Polizei im Januar 2012. In 821 Fällen sei es zu Funkzellenabfragen zu nicht politischen Straftaten gekommen, hieß es weiter. Nicht einmal der Berliner Datenschutzbeauftragte Alexander Dix war dabei seitens der Behörden über die massenhafte Überwachung der Berliner Mobiltelefoninhaber informiert worden. Jedoch ist Berlin keineswegs ein Einzelfall. Auch in Nordrhein-Westfalen werden von den Ermittlungsbehörden etwa simulierte Kurzmitteilungen – sogenannte »stille SMS« – versendet, mittels derer der Aufenthaltsort von Personen geortet werden kann. Allein im Jahr 2010 hatten die Behörden an 2.644 Anschlussinhaber insgesamt 255.784 »Ortungsimpulse« versandt, wie aus der Antwort des NRW-Innenministeriums auf eine Kleine Anfrage der Linkspartei-Abgeordneten Anna Conrads hervorgeht. Die nordrhein-westfälische Landesregierung vermied es unterdessen, explizit zu verneinen, dass derartige Überwachungsmethoden auch schon bei politischen Versammlungen angewandt wurden. Auch das Bundeskriminalamt wollte sich nicht zu den genauen Details der insgesamt 50 Einsätze sogenannter IMSI-Catcher äußern, die die Behörde im Jahr 2010 – ebenso wie das Zollkriminalamt, das Bundesamt für Verfassungsschutz und die Generalbundesanwaltschaft in anderen Fällen – eingesetzt hatte.

Sachsen setzt auf »Weiter so«

Die sächsische Landesregierung, sowie Dresdens Polizei bleiben unterdessen ihrer bisher eingeschlagen Praxis der Kriminalisierung antifaschistischen Protests auch zukünftig treu. So behauptete etwa Sachsens Innenminister Markus Ulbig (CDU) im Januar 2012, dass »Blockaden rechtswidrig sind« und nicht etwa der Aufmarsch der Faschisten, sondern die – überhaupt nicht stattgehabten – »Gewaltexzesse« der Neonazigegner 2011 »das Problem« gewesen seien. Angesprochen auf die Handyüberwachung und Bürodurchsuchungen, kündigte Ulbig außerdem an, dass die Polizei auch bei den Protesten 2012 nicht auf die »notwendigen Mittel verzichten« werde. Gleiches gilt für Dresdens Polizeipräsident Dieter Kroll, den Nachfolger von Dieter Hanitsch, der seinen Posten aufgrund der »Handydatenaffäre« verloren hatte. Kroll kündigte an, weiterhin auf die Speicherung von Handydaten zu setzen. Falls nötig, solle die strittige Funkzellenabfrage auch künftig genutzt werden, um später über Daten von mutmaßlichen Gewalttätern verfügen zu können, erklärte er weiter. Außerdem wolle er nicht nur »einfache körperliche Gewalt« gegen Blockierer, sondern auch Wasserwerfer, Räumpanzer und andere »Hilfsmittel« einsetzen lassen, so Dresdens oberster Polizeibeamter.

Mit seiner an die Nazigegner gerichteten Kriegserklärung dürfte Kroll hingegen beim Bundesvorsitzenden und sächsischen Fraktionschef der NPD, Holger Apfel, Frohlocken ausgelöst haben. Forderte dieser doch im Rahmen einer Landtagssitzung im Januar 2012 die »rigorose Durchsetzung des Grundrechtes auf Versammlungsfreiheit für nationale Deutsche im Falle erneuter Chaoten-Blockaden gegen den genehmigten Trauermarsch des überparteilichen ›Aktionsbündnisses gegen das Vergessen‹ zum Gedenken an die Opfer der alliierten Bombardierung Dresdens am 13./15. Februar 1945« und rief den von ihm als »linke Unterstützer des Straßen-Terrors und ihren ›bürgerlichen‹ Spießgesellen« diffamierten anderen Landtagsfraktionen zu, dass die Demonstration der braunen Geschichtsverfälscher mittels »Wasser marsch und Knüppel frei« durchgesetzt werden solle.

In ähnlicher Diktion wie der NPD-Mann äußerte sich auch Marco Freymann, Chef des CDU-Ortsverbandes Chemnitz Mitte-Schloss. Anlässlich des Jahrestages der Bombardierung der Stadt Chemnitz am 5. März warf der CDU-Funktionär Parteien und Gewerkschaften vor, »antidemokratische und antideutsche« Kräfte zu unterstützen. Freymann hatte außerdem in einer Email an einen Parteifreund von einem – wörtlich – »antideutschen, antidemokratischen und kommunistischen Antifa-Pöbel« geschrieben, der »durch SED/PDS/DIE Linke, SPD, Grüne; DGB, Verdi« unterstützt werde.

Harsche Kritik an den politischen Entscheidungsträgern übte indes die Vereinigung der Verfolgten des Naziregimes – Bund der Antifaschistinnen und Antifaschisten. In einem Offenen Brief warf die mitgliederstärkste antifaschistische Organisation der BRD Bundeskanzlerin Angela Merkel und Bundesinnenminister Hans-Peter Friedrich sowie dem sächsischen Ministerpräsidenten Stanislaw Tillich und dessen Innenminister Markus Ulbig (allesamt CDU bzw. CSU) im Januar 2012 vor, sie hätten »in den vergangenen Jahren keinen Grund gesehen, den europaweit größten Naziaufmarsch durch Dresden zu verbieten«. Hingegen sei »der antifaschistische Protest schon im Vorfeld als illegitim diffamiert und zunehmend kriminalisiert« worden. Erst im Januar 2012 hatte Innenminister Markus Ulbig für empörte Reaktionen gesorgt, indem er in einem Video betonte, um gegen den vordringenden Neonazismus vorzugehen, sei Antifaschismus »nicht die richtige Antwort, sondern Demokratie, Auseinandersetzung aus der Mitte unserer Gesellschaft heraus« – aus einer »Mitte« also heraus, in der sich schließlich selbst zunehmend rassistisches und rechtes Gedankengut ausbreitet.

Derweil wurde im Dezember 2011 ein Teilnehmer der antifaschistischen Blockaden vom Amtsgericht Dresden wegen angeblichen Verstoßes gegen das Versammlungsgesetz zu 15 Tagessätzen à 20 Euro verurteilt. Dabei betonte der Richter, dass Nazis aufgrund ihres Minderheitenstatus einen besonderen Schutz genössen. Wenn sie also eine angemeldete Demonstration durchführen wollten, sei das zu akzeptieren, betonte der Jurist. Ob das Urteil Bestand hat, mag indes bezweifelt werden: Da der sächsische Verfassungsgerichtshof – wie bereits erwähnt – im April 2011 zu dem Schluss kam, dass Sachsen während der antifaschistischen Proteste im Februar 2010 und 2011 nicht über ein gültiges Versammlungsgesetz verfügte, kann gegen besagtes Gesetz eigentlich auch nicht verstoßen werden.

8. Zwischen Antifaschismus, Symbolpolitik und Ablenkungsmanövern – Es geht nicht nur um die NPD

Wirksame Maßnahmen statt Ablenkungsdebatten

Nach der Aufdeckung der »NSU«-Terrorzelle und ihrer personellen Verstrickungen mit der NPD hat eine neue Debatte um ein Verbot der neofaschistischen Partei begonnen. Das ist zunächst einmal zu begrüßen und sollte von antifaschistischer Seite genutzt werden, um Druck für konsequente Maßnahmen zu machen. Freilich gilt es zugleich, dabei nicht in die Fußangeln der etablierten Politik zu tappen.

Zwar ist es absolut notwendig, nach Möglichkeiten zu suchen, die Position der neofaschistischen Partei und ihres ganzen Umfelds zu schwächen. Dazu gehören selbstverständlich auch Diskussionen über die staatliche Parteienfinanzierung sowie ein Verbot der NPD. Es stellt sich aber durchaus die Frage, warum der offizielle Kurs der Bundesrepublik, der einen ausgeprägten Antikommunismus und die Extremismustheorie zur Staatsdoktrin erhoben hat, überhaupt ein wirkliches Interesse daran zulässt, offensiv und wirksam gegen die Naziszene vorzugehen.

Anstatt sich einzig auf die pauschale Forderung nach einem Parteienverbot zu versteifen und dabei den Kampf gegen die vielerorts außerhalb von neofaschistischen Parteistrukturen aktiven »Autonomen Nationalisten« und »Freien Kameradschaften« zu sehr außer Acht zu lassen, sollte sich eine antifaschistische Strategie vielmehr offensiver auf den Artikel 139 des Grundgesetzes beziehen, um ein Verbot nicht nur der NPD, sondern ebenso aller anderen braunen Organisationen und Splittergruppen einzufordern. In diesem Verfassungsartikel heißt es: »Die zur ›Befreiung des deutschen Volkes vom Nationalsozialismus und Militarismus‹ erlassenen Rechtsvorschriften werden von den Bestimmungen dieses Grundgesetzes nicht berührt.« Damit sind auch heute noch das Potsdamer Abkommen sowie die gesamte alliierte Gesetzgebung zur Unterdrückung von NS-Organisationen, eventuellen Nachfolgern derselben und von jeglicher NS-Propaganda gültig. Im Potsdamer Abkommen beispielsweise hatten die USA, die Sowjetunion und Großbritannien folgendes festgelegt:

»Die Nationalsozialistische Partei, ihre Zweigeinrichtungen und die von ihr kontrollierten Organisationen sind zu vernichten; alle nazistischen Einrichtungen sind aufzulösen; es sind Sicherheiten zu schaffen, dass sie in keiner Form wiedererstehen können; jeder nazistischen und militaristischen Betätigung ist vorzubeugen.« Die Bundesregierung hatte außerdem noch 1973 in ihrem Antrag zur Aufnahme in die UNO betont: »Das ausdrückliche Verbot von neonazistischen Organisationen und gleichfalls die Vorbeugung gegenüber nazistischen Tendenzen folgen aus dem Grundgesetz mit der Wirkung, dass die von den alliierten und deutschen Stellen erlassene Gesetzgebung zur Befreiung des deutschen Volkes von Nationalsozialismus und Militarismus weiterhin in Kraft ist.«

Ursachen für das Erstarken von Rechtsextremismus und Neofaschismus, die in der staatlichen Politik selbst begründet sind, benennt Esther Bejarano, die den Holocaust überlebt hat und heute Vorsitzende des Auschwitz-Komitees ist, in einem »Offenen Brief an die Regierenden« vom Dezember 2011. Darin heißt es:

»Sie, die Regierenden, tragen Mitverantwortung an den ›deutschen Zuständen‹ heute, an der Ökonomisierung des Denkens, an der Entsolidarisierung der Gesellschaft, und, daraus folgend, an der sozialen Spaltung, die Ängste schürt. Rassismus, Antisemitismus und Fremdenfeindlichkeit haben heute wieder Konjunktur in Deutschland.

1. In Zeiten, in denen hierzulande mindestens zehn Menschen von einer rechten Terrorbande ermordet wurden, weil sie türkische und griechische Namen trugen und mindestens 13 Jahre lang der ›Nationalsozialistische Untergrund‹/NSU unter den offensichtlich rechts zugedrückten Augen der Polizei, der Justiz und des Verfassungsschutzes wütete,
2. in Zeiten, da 182 Tote durch Gewalt von Nazis und Neonazis in den vergangenen 20 Jahren von den Regierenden scheinbar übersehen wurden, obwohl doch Ausstellungen wie ›Opfer rechter Gewalt‹ seit Jahren vielerorts gezeigt wurden, einschlägige Websites und Foren mit unendlicher Mühe von NGOs, Bürgerinitiativen und Opferverbänden ganz öffentlich zugänglich waren und sind,
3. in Zeiten, in denen selbst im Winter Menschen schon wieder nachts aus dem Schlaf gerissen und abgeschoben werden, Bürgerkriegsflüchtlinge, Roma, Familien mit Kindern, Alte und Kranke in elende Zustände gewaltsam verbracht werden, obwohl auch Überlebende des Holocaust, die im Exil Zuflucht fanden, immer wieder das Bleiberecht anmahnen,
4. in Zeiten, in denen ungeachtet zahlreicher Proteste, trotz Mahnungen von Überlebendenorganisationen, von den Zentralräten der Juden und der Muslime, von WissenschaftlerInnen die Fachministerin beratungsresistent bleibt. Fremdschämen müssen wir uns

für die Ministerin Schröder, die mit ihrer sogenannten ›Extremismusklausel‹ Überlebendenorganisationen und seit Jahrzehnten ehrenamtlich arbeitende Initiativen gegen rechts mit dem Generalverdacht überzieht, nicht auf dem Boden des Grundgesetzes zu stehen. Bespitzelung und Verdächtigung statt Aufklärung und Anerkennung, Geld nur gegen Gesinnungsschnüffelei – wie groß wird der Scherbenhaufen sein, den das Ministerium hinterlässt?,

5. in Zeiten, in denen schon wieder obrigkeitsstaatliches Denken Konjunktur hat, durch das Befolgen von Befehlen und Anordnungen selbst bei Frosttemperaturen mit Wasserwerfern auf Menschen geschossen wird, die in friedlichen Blockaden sich mutig auf die Straßen der Städte setzen, um marschierende Neonazis zu stoppen. Gegen die Tränengas in gesundheitsgefährdenden Mengen eingesetzt wird. Der Vertrauensverlust in demokratische Zustände ist kaum zu ermessen, wenn Demonstranten weggespritzt und anderweitig traktiert werden, Menschen bespitzelt, überwacht und ausgehorcht werden, Mobilfunkdaten missbraucht werden, Immunitäten von Abgeordneten aufgehoben werden,
6. in Zeiten, in denen selbst ein Shoa-Überlebender wie Ernst Grube, VVN-BdA-Vorsitzender in Bayern, vom Nachrichtendienst überwacht und als Zeitzeuge diskreditiert wird,
7. in Zeiten, in denen die NPD und neofaschistische Kameradschaften ganze Regionen zu ›national-befreiten Zonen‹ erklären und die NPD immer noch nicht verboten ist,

mischen wir uns ein und fordern Sie auf: Handeln Sie, jetzt!«

Wie dieses Handeln auszusehen hätte, stellen Esther Bejarano und das Auschwitz-Komitee mit einer Liste von sieben Sofortmaßnahmen klar:

- »Schluss mit der öffentlichen Subventionierung neofaschistischer Organisationen durch V-Leute, wir fordern gründliche und parlamentsöffentliche Aufklärung der Morde selbst sowie der Verfehlungen und Verstrickungen des Verfassungsschutzes und der Polizei in die Morde des ›Nationalsozialistischen Untergrunds‹ und ähnlicher Geheimbünde

- Schluss mit der Un-Kultur des Verdachts und der Gleichsetzung ›Rot gleich Braun‹, wir fordern gründliche und öffentliche Aufarbeitung aller Todesfälle durch rechte Gewalt in den vergangenen 20 Jahren.
- Schluss mit den Abschiebungen, Bleiberecht für alle, insbesondere für Rom und Sinti Schluss mit den Verdächtigungen staatlich nicht kontrollierter Projekte und Initiativen gegen rechts!
- Schluss mit der Gewalt gegen Menschen, die ihren eigenen Körper in friedlichen Sitzblockaden gegen Neonaziaufmärsche einsetzen, die großen Mut beweisen und unsere Hoffnung auf eine bessere Zukunft sind. Schluss mit der Kriminalisierung und Überwachung.
- Schluss mit der Überwachung von Überlebenden des Holocaust, die Diskreditierung ihrer Zeitzeugenarbeit wie z. B. bei Ernst Grube in Bayern muss sofort beendet werden.

Und Sie, Frau Bundeskanzlerin Dr. Merkel und die Bundesregierung fordern wir wiederum auf: Verbieten Sie endlich nach Artikel 139 Grundgesetz und entsprechend dem Potsdamer Abkommen die NPD und alle faschistischen Nachfolgeorganisationen, ihre Schriften, ihre Embleme, ihre Aktivitäten! Das sind wir den Millionen Opfern der faschistischen Verbrechen schuldig.«

Massenkompatible Hetze

Über die staatliche Politik hinaus geht es aber auch um rechtsextreme Gesinnungen, die massenwirksam sind und denen sich mit bloßen Verboten nicht beikommen lässt. Obwohl sie selbst durchaus für ein NPD-Verbot sei, warnte die Publizistin Jutta Ditfurth im Januar 2012 zurecht davor, sich mit dieser Forderung allein auf die Parolen des politischen Mainstreams zu beschränken. Das sei sonst »nur eine Beruhigungstaktik, weil es faschistische Strukturen in Teilen der Institutionen – und vor allem Rassismus in dieser Gesellschaft und den Antisemitismus in seinen Spielarten« gebe. Und diese ließen sich leider nicht einfach verbieten, sie blühten weiter. »Und ich weiß auch nicht,« so Ditfurth weiter, »ob man einen Sarrazin verbieten kann«, das könne man nicht, fährt sie fort und kennzeichnet damit den – massenmedial noch geförderten – ideologischen Sumpf, auf dem Neofaschismus gedeiht. In der Tat: Nicht erst seit der Veröffentlichung von Thilo Sarrazins »Deutschland schafft sich ab« mit seinen muslimfeindlichen Ausfällen nehmen in der Bundesrepublik der Islamhass und die Stigmatisierung seiner Objekte stetig zu. Der SPD-Politiker, frühere Berliner Finanzsenator und Bundesbanker ist mit seinem Buch nicht nur zum Millionär geworden, sondern hat damit auch einen Erfolg erzielt, der rechten und neofaschistischen Splittergrüppchen und Kleinstparteien bisher versagt blieb: Deutschland übt den Tabubruch. Endlich darf – flankiert von reißerischer Medienberichterstattung – wieder ausgesprochen werden, was viele deutsche Durchschnittsbürger seit jeher zu wissen glaubten: Der Moslem an sich will sich nicht integrieren, übt sich in Sozialschmarotzertum, unterdrückt Frauen, attackiert Homosexuelle und verachtet selbstredend jeglichen Lebenswandel, den man gemeinhin »westlich« orientiert nennt. Wie beispielsweise in Berlin gipfelt eine solche Agitation dann schon auch einmal in Brandanschlägen auf Moscheegemeinden. Aktuell ist es nicht etwa ein pauschal formulierter Rassismus, sondern gezielt die sich zunehmend aggressiver gerierende explizite Muslimfeindlichkeit, die Neonazis, Rassisten, christliche Fundamentalisten, Ex-Linke, die sich selbst als »Antideutsche« bezeichnen, und den Mainstream zusammenrücken lässt. Vor allem Gruppierungen wie »pro Deutschland« oder deren Schwesterpartei, die selbsternannte nordrhein-westfälische Bürgerbewegung »pro NRW«, bekommen ob des gesellschaftlichen Zuspruchs für antimuslimische Hasstiraden Oberwasser. Zwar gilt Muslimfeindlichkeit bei Rechten und Neofaschisten nicht erst seit der Schweizer Volksabstimmung, bei der eine Mehrheit 2009 den Bau von weiteren Minaretten ablehnte, als politisches Erfolgsrezept. Schwerpunktmäßig muslimfeindlichen Gruppierungen und Parteien gelang es, anders als im europäischen Ausland, in der Bundesrepublik jedoch bisher nur selten, bei Wahlen überdurchschnittliche Erfolge zu erringen. Zwar war es lokalen Strukturen der »pro«-Bewegung möglich, bei der NRW-Kommunalwahl von 2009 mancherorts – wie unter anderem in Köln, Leverkusen und Gelsenkirchen – in Stadträte einzuziehen.

Trotzdem fehlt es den angeblichen Bürgerbewegten an der Basis aber vielerorts an aktionsfähigem und kompetentem Personal.

Die im Februar 2007 in Anlehnung an die »Bürgerbewegung pro Köln« in Leverkusen ins Leben gerufene Partei »pro NRW« ist seit ihrer Gründung bemüht, sich als wählbare Alternative zu den etablierten Parteien darzustellen. Dabei setzen die rechten Aktivisten einerseits auf das recht unverfängliche Label als »pro«-Bürgerbewegung, das von potenziellen Wählerinnen und Wählern nicht zwangsläufig als politisch rechts stehend identifizierbar ist. Zum anderen geriert sich die Partei jedoch klar als deutschnationale Vertreterin von Interessen »der Wirtschaft« und setzt schwerpunktmäßig vor allem auf einen antimuslimischen Rassismus und die Hetze gegen sogenannte Minderheiten wie Sinti und Roma, Lesben und Schwule oder auch Prostituierte und Drogenkonsumenten. Zwar sind die »pro«-Aktivistinnen und Aktivisten noch immer bemüht, sich in der Öffentlichkeit ein halbwegs bürgerliches Antlitz zu geben. Nicht wenige der (früheren) Funktionäre waren jedoch bereits in der Vergangenheit in rechten bzw. neofaschistischen Parteien wie den »Republikanern«, der NPD oder anderen ähnlich gelagerten Gruppierungen aktiv bzw. engagierten sich in der rechten Szene. Zu nennen wären unter anderem der frühere rechtsextreme Multifunktionär und ehemalige Geschäftsführer der Kölner »pro«-Stadtratsfraktion Manfred Rouhs, der Rechtsanwalt Markus Beisicht (früher Deutsche Liga für Volk und Heimat) und Judith Wolter, die 2002 ein Grußwort auf dem Bundeskongress der NPD-Jugendorganisation »Junge Nationaldemokraten« hielt.

Für bundesweites Aufsehen sorgten die Rechtsextremen im September 2008, als sie ihre Anhängerschaft zu einem »Antiislamisierungskongress« nach Köln mobilisierten, der jedoch aufgrund mannigfaltiger Proteste von antifaschistischen Gruppen, der sogenannten Zivilgesellschaft und sogar der etablierten Lokalpolitik verhindert werden konnte. Auch die Neuauflage der rassistischen Zusammenkunft am 9. Mai 2009 wurde von massiven Protesten begleitet und kam auch aufgrund mangelnder Teilnahme von »pro«-Sympathisanten nicht über eine Veranstaltung einer Splittergruppe hinaus. Im Rahmen der »Antiislamisierungskongresse« arbeitete »pro« indes nicht nur mit Muslimfeinden aus dem europäischen Ausland, sondern auch mit dem ehemaligen CDU-Politiker und früheren Bundestagsabgeordneten Henry Nitzsche zusammen. Nitzsche hatte im Bundestagswahlkampf 2005 auf Plakaten mit der Parole »Arbeit, Familie, Vaterland« geworben, die zuvor auch schon von der neofaschistischen NPD verwendet worden war. Bei einer Veranstaltung zum Thema Patriotismus 2006 soll der frühere CDU-Politiker Zeugenaussagen zufolge gesagt haben, dieser werde gebraucht, »um endlich vom Schuldkult runterzukommen« und damit »Deutschland nie wieder von Multi-Kulti-Schwuchteln in Berlin regiert« werde. Bereits 2003 sorgte Nitzsche für Aufsehen, als er erklärte, dass einem Muslim eher die Hand abfaule, als dass er CDU wähle.

Antimuslimische Querfront

Motiviert von der Sarrazin-Debatte versuchen Kleinstparteien wie »pro Deutschland« und deren lokale Ableger die Bevölkerung darüber hinwegzutäuschen, dass es sich bei ihnen maßgeblich um »Ein-Punkt«-Organisationen handelt. Würden sie nicht versuchen, die Bevölkerung auf noch mehr antimuslimische Stigmatisierungen zu trimmen und den Kampf der Kulturen aufzunehmen, es bliebe kaum politischer Inhalt übrig. So setzte »pro Deutschland« in Berlin, wo die Gruppierung 2011 zu den Abgeordnetenhauswahlen antrat, maßgeblich auf den Kampf gegen eine angebliche »Islamisierung« und hat einen von Musliminnen und Muslimen betriebenen »demographischen Dschihad« ausgemacht. Mittlerweile scheint es, als sei es den Islamgegnern sogar unwichtig, mit wem sie gemeinsame Sache machen. So gibt die »pro«-Bewegung etwa in Sachen Antisemitismus ein gespaltenes Bild ab. Zwar wurden auch schon in der Vergangenheit bekennende Auschwitzleugner auf »pro NRW«-Veranstaltungen gesichtet, offiziell distanziert sich die Gruppierung, bei deren Kölner Kundgebungen auch schon Israel-Fahnen geschwenkt wurden, jedoch vom Antisemitismus. Damit folgen die »pro«-Strukturen zunehmend ihren Partnerorganisationen im europäischen Ausland, die ihren

Antisemitismus maßgeblich aus strategischen Gründen durch den antimuslimischen Rassismus, also die vielerorts auch als »Antiislamismus« bezeichnete Ideologie ersetzt haben. Im Dezember 2010 veröffentlichte »pro Deutschland« etwa im Internet die sogenannte Jerusalemer Erklärung, die unter anderem von der von der »Freiheitlichen Partei Österreichs« (FPÖ), dem Vlaams Belang und anderen rechten Parteien unterstützt wurde. Diese erklärt sich mehr oder weniger bedingungslos solidarisch mit Israel und seiner gegenwärtigen Politik.

Dass eine solche, wie auch immer im Einzelfall begründete, bedingungslose Solidarität bei Teilen der rechten Parteien auf Sympathie stößt, ist schon seit geraumer Zeit kaum mehr als neue Erkenntnis einzuschätzen. Offenbar als eine Art politische Gegenleistung bekommen die Rechtsextremen dafür Schützenhilfe von den Jubelpersern der israelischen Regierung, wie beispielsweise dem Publizisten Henryk M. Broder, der sich auf die Seite des niederländischen Muslimfeindes Geert Wilders stellte und in einem Interview gegen den Islam giftete: »Das Problem liegt nicht bei Wilders. Das Problem liegt darin, dass die sogenannte Religion des Friedens ein Problem mit der Gewalttätigkeit hat und wir davon wenig Kenntnis nehmen wollen.« Flugs bekam Broder für das Gesagte Applaus von den üblichen rechten Verdächtigen und westlichen Kulturkriegern. Auch Ralph Giordano, der sich – obwohl Überlebender des Holocaust – selbst mit Ausfällen gegen Muslime hervorgetan hat, bekam dafür bereits in der Vergangenheit Beifall von »pro NRW«. Jedoch werden sowohl die »pro«-Bewegung als auch ähnlich gelagerte Parteien wie die vom ehemaligen CDU-Politiker René Stadtkewitz gegründete »Die Freiheit« in Berlin, nur dann erfolgreich an den Mainstream und den dort vorhandenen antimuslimischen Rassismus andocken können, wenn sie sich die Neofaschisten aus den Reihen der NPD auf möglichst weit vom Hals halten. Mit weich gespülten Parolen wie »Abendland in Christenhand« (»pro NRW«) können die Kulturkrieger zwar mit einiger Aussicht auf Dummenfang gehen. Nicht aber mit Parolen wie »Ausländer raus!« und »Gas geben!«-Parolen, bei denen sich die neonazistischen Lynchphantasien der Urheber nur schwerlich verbergen lassen und die deshalb viele Menschen als zu aggressiv anmuten würden. Einer

Ende 2010 vorgestellten Studie der Universität Münster zufolge, haben insgesamt etwa 58 Prozent der Westdeutschen und 62 Prozent der Ostdeutschen eine negative Einstellung gegenüber Musliminnen und Muslimen, woraus sich ein nicht zu vernachlässigendes Wählerpotenzial ergibt. Allemal gehören die muslimfeindlichen und rassistischen Parteien zu den Gewinnern der aktuellen muslimfeindlichen Debatten, die durch Personen wie Thilo Sarrazin befördert wurden.

Begriffslosigkeit und Wortkargheit

Statt jedoch den antimuslimischen wie auch den pauschalen Rassismus in der bundesdeutschen Gesellschaft offensiv als das zu benennen und zu kritisieren, was er ist, nämlich die Grundlage für neofaschistische Ideologie und Nazi-Terror, verschanzt sich die etablierte Politik hinter Allgemeinplätzen. Während sich Bundeskanzlerin Angela Merkel (CDU) etwa Ende November 2011 »entsetzt über das Maß an Hass und Fremdenfeindlichkeit« zeigte, welches in den »NSU«-Taten zum Ausdruck komme, hielten es auch manche antifaschistische Gruppen oft nicht für notwendig, die in den Inlandsgeheimdiensten und der etablierten selbst Politik vorherrschende Ideologie, die in der Kumpanei mancher Behörden mit dem »NSU«-Netzwerk einen mörderischen Höhepunkt fand, offensiv anzuklagen. Auch war es erstaunlich still, als Bundesfamilienministerin Kristina Schröder 2010 ausgerechnet vor zunehmender »Deutschenfeindlichkeit« bei Migranten warnte und diese als »eine Form von Rassismus« bezeichnete, während sie den staatlichen und gesellschaftlichen Rassismus, der sich gegen Migranten richtet, vollends verschwieg. Oder etwa als Bundesinnenminister Hans-Peter Friedrich im Januar 2012 die Linkspartei mit der NPD verglich, CSU-Generalsekretär Alexander Dobrindt forderte, nicht nur die NPD, sondern vielmehr auch Die Linke von der staatlichen Parteienfinanzierung auszuschließen oder besser noch gleich zu verbieten, oder als die CDU-Bundestagsabgeordnete und Funktionärin des – übrigens wie die NPD staatlich alimentierten – revanchistischen »Bundes der Vertriebenen« (BdV) Erika Steinbach sich Anfang Februar des gleichen Jahres im Internet zu der Behauptung verstieg, die Nazis seien »eine linke Partei« gewesen. »Vergessen? Nationalsozialistische deutsche Arbeiterpartei«, hatte die für ihre extrem rechten Ansichten Bekannte geschrieben.

Leider sind solch Positionen nicht auf die herrschende Politik und ihre Propagandisten begrenzt. Vielmehr ist es so, dass sich sogar Organisationen, die sich selbst dem antifaschistischen Spektrum zuordnen, vor lauter Staatsfrömmigkeit in diesem kruden Wirrwarr, dem alle Katzen als grau gelten, verfangen. Nicht nur in Einzelfällen kooperieren sie sogar mit Zusammenschlüssen, die sich offiziell zwar gegen Neonazis stark machen, dabei aber gleichzeitig und gleichwertig den Kampf gegen die politische Linke aufnehmen wollen. So gab etwa Anetta Kahane, Vorsitzende der Amadeu Antonio Stiftung, folgendes Statement von sich:

»Nun, im neuen Koalitionsvertrag steht, man bemühe sich, gegen jede Form von Extremismus – auch Linksextremismus, Antisemitismus und Islamismus – aktiv zu werden. Ich muss ehrlich zugeben: mir gefällt die Idee. Die Frage ist nur, wie ernst ist sie gemeint? Linksextremismus ist, wie alle antidemokratischen und anti-kosmopolitischen Ideologien, widerlich und menschenverachtend. Und Islamismus, also der politische, militante und antisemitische Fundamentalismus des Islam, sowieso. Doch es liegt auf der Hand, dass beides anderer Methoden und Maßnahmen bedarf als diejenigen, die bei der Eindämmung des rechtsextremen Milieu- und Stimmungspakets in der Sächsischen Schweiz oder Ostvorpommern helfen, um nur zwei Regionen zu nennen.« (Quelle: http://www.amadeu-antonio-stiftung.de/newsletter/newsletter-november-2009/#hl24609)

Dass Kahane »Linksextremismus, Antisemitismus und Islamismus« in einem Atemzug nennt und faktisch gleichsetzt, ist indes alles andere als zufällig. Kooperiert die Amadeu Antonio Stiftung doch mit »antideutschen« und anderen neokonservativen Organisationen – beispielsweise der Iran-Kriegslobby mit dem zynischen Namen »Stop the Bomb« –, die sich besonders dem Kampf und der Diffamierung von Linken, Kriegsgegnern und Antikapitalisten verpflichtet fühlen.

Im Sinne eines offensiven und vor allem erfolgreichen Kampfes gegen staatliche Verstrickungen in das bisher enthüllte Treiben des »Nationalsozialistischen Untergrundes«, der NPD und anderer neofaschistischer Gruppen und Organisationen bliebe indes zu wünschen, dass sich diejenigen Nazigegner politisch durchsetzen, die der Staatsdoktrin von der Gleichsetzung von Neonazis und politischer Linken eine deutliche Absage erteilen und für die das Eintreten gegen Faschismus verbunden ist mit dem Kampf gegen Krieg, Ausbeutung und soziale Deklassierung weiter Teile der Bevölkerung. Eine politische Bewegung, die von sich selbst behauptet, fortschrittlich und antifaschistisch zu sein, darf auf diese Kernelemente linker Politik keinesfalls verzichten und vor allem nicht gemeinsame Sache machen mit Kriegstreibern, welcher Provenienz auch immer, die in gleichem Tonfall wie traditionelle Rassisten gegen Muslime und islamische Länder mobil machen. Das gilt nicht zuletzt auch für Kräfte wie die sogenannten »Antideutschen«, die wie so viele vor ihnen ganz links »links« gestartet und ganz »rechts« verendet sind.

Aufklärung unwahrscheinlich

Dass die Verstrickungen der bundesdeutschen Inlandsgeheimdienste in das braune Terrornetzwerk »Nationalsozialistischer Untergrund« jemals allumfassend aufgeklärt werden, darf mit Fug und Recht bezweifelt werden. Gleich in mehreren Fällen, soviel steht bereits jetzt fest, hätten die Ermittler die Möglichkeit gehabt, das »Zwickauer Terror-Trio« Uwe Böhnhardt, Uwe Mundlos und Beate Zschäpe festzunehmen und somit zumindest einige der den Neonazis angelasteten Morde zu verhindern. Getan haben es die Behörden, die das braune Treiben im Gegenteil durch Zahlungen in das von ihnen betriebene V-Mann-Wesen protegierten, nicht. Warum genau, das muss nunmehr der im Januar 2012 beschlossene Untersuchungsausschuss des Bundestages klären, dessen Einrichtung ausnahmslos alle Fraktionen unterstützt haben.

In dem gemeinsamen Antrag zur Einrichtung des besagten Ausschusses erklärten sich die politischen Entscheidungsträger als »zuversichtlich«, dass zwischen dem Untersuchungsausschuss und der im Einvernehmen von Bund und Ländern berufenen Expertenkommission Gespräche über eine sinnvolle Kooperation geführt würden. »Der Untersuchungsausschuss kann in seine Untersuchungen zum Zusammenwirken von Bundes- und Landesbehörden die Ergebnisse einbeziehen, die von zur Aufklärung des Sachverhalts berufenen Sachverständigen und Experten der Länder und von der im Einvernehmen von Bund und Ländern berufenen Expertenkommission erarbeitet wurden«, heißt es dort optimistisch weiter.

Dass der von der Politik geäußerte Wunsch nach einer guten Zusammenarbeit der verschiedenen Ermittler und Sachverständigen in Bund und Ländern tatsächlich Wirklichkeit wird, ist indes zweifelhaft. Schließlich geriet Mitte Februar 2012 mit dem Bundeskriminalamt (BKA) erneut eine hochrangige deutsche Ermittlungsbehörde in den Verdacht, sich der Kumpanei mit dem »NSU« schuldig gemacht zu haben. So wiesen Mitarbeiter des BKA im Dezember 2011 die Bundespolizei an, wichtige Ermittlungsdaten zu löschen, die zuvor auf sichergestellten Mobilfunktelefonen des mutmaßlichen »NSU«-Unterstützers André E. gefunden worden waren. Zwar fühlte sich BKA-Präsident Jörg Ziercke umgehend genötigt zu erklären, dass seine Behörde »Beweismittel weder unterdrückt noch manipuliert noch vernichtet« habe und »weder Neonazis noch Informanten aus der rechten Szene« schütze. Glaubwürdig sind die Einlassungen Zierckes, der bereits im November 2011 vollmundig gefordert hatte, dass die von ihm geleitete Behörde »Lehren aus dem Fall ziehen« müsse, jedoch keineswegs.

Dass es im Rahmen der von allen Behörden großspurig angekündigten »Aufklärungsarbeit« des größten Geheimdienstskandals der BRD-Geschichte zu weiteren Vertuschungsaktionen der Geheimdienste und Polizeien kommen würde, war absehbar. Dies lehrt etwa die Geschichte des am 26. September 1980 von Neofaschisten verübten Bombenanschlags auf das Münchner Oktoberfest, bei dem 13 Menschen starben und über 200 Personen teils schwer verletzt wurden. Auch hier versuchten die Behörden – nicht ohne Erfolg – alles, um die These von einem rechten Einzeltäter zu propagieren und Hinweise auf Verbindungen des bei dem Anschlag ums Leben gekommenen Neonazis zur »Wehrsportgruppe Hoffmann« als konstruiert abzutun. Übrigens: Auch nach dem Oktoberfestanschlag waren von den Ermittlern Beweismittel vernichtet worden.

Ein weiteres Problem dürfte die »nötige Distanz« mancher Ermittler zur rechten Szene darstellen, auf die der ehemalige Generalbundesanwalt Kay Nehm in einem im November 2011 veröffentlichten Interview mit der *Berliner Zeitung* hinwies. »Ohne zu generalisieren, manche Mitarbeiter waren fachlich nicht so qualifiziert wie nötig. Anderen fehlte die nötige Distanz zu V-Leuten. Das Führen von V-Leuten ist eine der heikelsten Aufgaben des Verfassungsschutzes: Die Balance zu wahren, sich einerseits mit ihnen gemeinzumachen, um sie bei der Stange zu halten, und andererseits keine zu starke persönliche Nähe zu fördern. Wenn da etwas schiefläuft, muss das in der Leitung ausgebügelt werden. Daran fehlte es mitunter«, konstatierte Nehm.

Während man offiziell aufgrund der BKA-Enthüllungen um das Image der Behörden besorgt ist und, wie bei derlei Erkenntnissen üblich, eine »umfassende Aufklärung« fordert, sind es indes die maßgeblichen Politiker selbst, die kaum etwas unversucht lassen, um die Mär von neofaschistischen Einzeltätern zu verbreiten. Genauso wie die Ermittlungsbehörden weisen auch sie eine Verantwortung für die von vielen Medien mit dem rassistischen Label »Döner-Morde« behaftete Ermordung von neun Migranten und der Polizistin Michèle Kiesewetter zurück. Die internationalen Verbindungen des neonazistischen Netzwerkes werden weiterhin ebenso ausgeblendet wie der Rassismus der selbsternannten politischen Mitte und die Mitverantwortung der Inlandsgeheimdienste für die Mordserie.

Politik und Behörden gehen jedoch noch weiter: Sie setzen nicht nur die von ihnen über Jahrzehnte hinweg betriebene Verharmlosung des militanten Neofaschismus fort, sondern nutzen die Enthüllungen über das »NSU«-Netzwerk, um unter dem Mäntelchen einer »Bekämpfung des politischen Extremismus« gegen die politische Linke vorzugehen. Der ehemalige SPD-Vorsitzende und heutige Linksfraktionschef im Saarland, Oskar Lafontaine, geißelte die gegen die Linkspartei gerichtete Repression, Überwachung und Diffamierung jüngst als »Polizeistaatmethoden wie in einer Bananenrepublik«.

Alles, was seitens der etablierten Politik nunmehr an Instrumenten im Kampf gegen rechte Gewalttäter präsentiert wird, ist nicht nur jahrzehntelang zuvor von den Behörden unterlassen worden, sondern droht vor allem, auch zukünftig gegen die politische Linke eingesetzt zu werden.

Die Enthüllungen über die vom »NSU« verübten Morde und Anschläge werfen derzeit mehr Fragen auf als Antworten existieren und laden zu mannigfaltigen Spekulationen ein. Es wirkt, als würden die Ermittlungs- und Sicherheitsbehörden der Bundesrepublik wahl- und hilflos im rechten Sumpf ermitteln. Mittlerweile gehen die Beamten, die den Prozess gegen Beate Zschäpe noch im Jahr 2012 eröffnen wollen, gar davon aus, dass der Naziaktivistin einzig die Brandstiftung an dem von ihr bewohnten Haus im November 2011 in Zwickau wird nachgewiesen werden können, nicht aber eine direkte Beteiligung an den vom »NSU« verübten Morden.

Wie auch immer sich die Prozessführung gegen Zschäpe und die anderen »NSU«-Unterstützer, die von den Behörden in vielen Fällen noch kurz vor ihrer Festnahme bzw. bei ihnen durchgeführten Durchsuchungsaktionen per Presseberichterstattung gewarnt wurden, im Detail gestalten wird, klar ist, dass es in der Bundesrepublik zu tiefgreifenden politischen wie auch gesellschaftlichen Veränderungen kommen muss. Zumindest dann, wenn, sollte der Kampf gegen die militante Naziszene überhaupt ernsthaft und kontinuierlich geführt werden soll. Dazu wäre jedoch notwendig, verstärkt gegen den gesellschaftlich verankerten Rassismus vorzugehen, endlich die vollkommene Gleichstellung und Teilhabe von Migranten sicherzustellen und einen offensiven Antifaschismus nicht wie bisher als Bedrohung der Demokratie, sondern vielmehr als zwingende Notwendigkeit zu akzeptieren. Wer das in der BRD vorherrschende Naziproblem tatsächlich in den Griff bekommen will, muss außerdem noch vor einem Verbot der NPD als ersten Schritt zwingend die unselige V-Leute-Praxis und die damit verbundene staatliche Alimentierung der Naziszene einstellen und die Geheimdienste auflösen. Schließlich sind diese – und das ist mittlerweile mehr als offensichtlich – Teil des Problems und nicht einer wie auch immer gearteten Lösung.

Die Aufgabe der vielen engagierten Antifaschisten und politischen Linken sollte unterdessen darin bestehen, den Zusammenhang zwischen der Entwicklung des kapitalistischen Systems und der erstarkenden Neonaziszene auch weiterhin zu skandalisieren und den Kampf gegen Rassismus, soziale Deklassierung und Krieg wieder verstärkt als Kernelemente ihrer Politik zu begreifen. Dann bestünde zumindest eine kleine Chance, den Druck auf die etablierte Politik so erhöhen zu können, dass im Kampf gegen militante Nazinetzwerke nicht weiterhin nur auf die Behandlung von Symptomen gesetzt, sondern das Übel an der Wurzel angepackt würde.

Personenregister

Apfel, Holger 19, 38f, 40f, 98

Backes, Uwe 62-66, 70f, 73, 75, 77
Battis, Ulrich 90
Baumann, Thomas 28
Beisicht, Markus 105
Bejarano, Esther 101f
Berger, Michael 30f, 36
Bernt, Dirk 22
Bischoff, Ringo 92
Böhnhardt, Uwe 7-9, 13, 18-23, 26, 36, 38-41, 45f, 57f, 60f, 110
Borchardt, Siegfried 30
Bosbach, Wolfgang 54, 59
Bouffier, Volker 50, 56
Boulgarides, Theodoros 13
Brandt, Tino 24, 42, 45f, 60
Broder, Henryk M. 107
Brzezinski, Zbigniew K. 67
Buback, Siegfried 44
Budzynski, Daniel 79f
Butterwegge, Christoph 69

Conrads, Anna 97
Copeland, David 26

Diaz, Rodrigo 22
Diehl, Sebastian 37
Dienel, Thomas 47
Ditfurth, Jutta 103
Dittes, Steffen 47
Dix, Alexander 96
Dobrindt, Alexander 10, 108
Donaldson, Ian Stuart 26
Dregger, Alfred 79

Eminger, André 17, 19
Eminger, Susann 17, 19

Flemming, Lars 73
Freymann, Marco 98
Friedrich, Hans-Peter 98, 108
Friedrichs, Carl J. 67
Fritz, Erich G. 31
Fromm, Heinz 48
Funke, Hajo 64

Galinski, Heinz 15
Gallus, Alexander 73, 77
Gerlach, Holger 19, 41
Gerlach, Thomas 36
Giese, Daniel 22
Giordano, Ralph 107
Gleumes, Hermann 75
Goretzki, Thomas 30
Grosse-Brömer, Michael 80
Grube, Ernst 102f
Grünke, Ralf 73

Haase, Lorenz 95
Hachtkemper, Yvonne 30
Hahn, André 90
Hammer, Steffen 17
Hanitsch, Dieter 97

Hartleb, Florian 73
Hartmann, Christian 94
Herrmann, Joachim 10
Heß, Rudolf 19, 41
Hitler, Adolf 17, 21f, 41, 46, 68, 80
Hüllen, Rudolf van 73

Ignjatovic, Jugosloven 15
Irmer, Hans-Jürgen 79

Jäger, Ralf 34-37
Jesse, Eckhard 62-66, 70-73, 75-78, 83

Kahane, Anetta 109
Kahlin, Sven 31f
Kailitz, Steffen 73
Kanther, Manfred 79
Karabinski, Benjamin 93f
Kessler, Achim 79
Kiesewetter, Michèle 7, 13, 15f, 43, 50, 57f, 79, 112
Kılıç, Habil 13
Klausch, Hans-Peter 80
Klepsch, Michael Carlo 81
Knabe, Hubertus 73, 75
Knütter, Hans-Helmuth 73
Koch, Roland 79
Köckert, Christian 47
Köditz, Kerstin 75f
König, Lothar 89f
Körting, Ehrhart 66f
Kraft, Ursula 80
Krenz, Egon 86
Kroll, Dieter 97f
Kubaşık, Mehmet 13, 20, 32

Lafontaine, Oskar 112
Lange, Heinz 81
Lang, Jürgen P. 73
Laubenburg, Frank 14f, 20
Löw, Konrad 73
Lucifero, Angelo 76

Merkel, Angela 8f, 98, 103, 108
Moreau, Patrick 73, 75f
Morgenstern, Andreas 73
Müller, Mathias 80
Müller, Werner 75
Mundlos, Uwe 7-9, 13, 18-23, 26, 36, 39-41, 45f, 57f, 60f, 110

Nagel, Udo 60
Narr, Wolf-Dieter 92
Nehm, Kay 112
Neskovic, Wolfgang 88
Neu, Viola 73
Niedermeier, Hans-Peter 73
Nitzsche, Henry 106
Nolle, Karl 93-95
Nordbruch, Claus 26
Notz, Konstantin von 59f

Ooyen, Willi van 90
Orwell, George 87
Özüdoğru, Abdurrahim 13

Pella, Sebastian 80
Peters, Tim 73

Pfahl-Traughber, Armin 73
Pieper, Gudrun 80
Polat, Filiz 80
Prantl, Heribert 43

Ramelow, Bodo 25, 27, 76f, 90
Ramsauer, Peter 88
Range, Harald 44, 60
Reinicke, André 22
Reitz, Axel 36
Rieband, Catrin 50, 54, 56
Roewer, Helmut 45-47, 75
Rouhs, Manfred 105

Sarrazin, Thilo 103f, 106, 108
Schäfer, Gerhard 49
Schäfer, Klaus 33
Schäuble, Wolfgang 71
Schily, Otto 71f
Schmeitzner, Mike 73
Schneiders, Nicole 18
Schork, Günter 80
Schröder, Gerhard 74
Schröder, Kristina 74, 78f, 81-83, 102, 108
Schroeder, Klaus 85
Schulze, Hans 33f
Schulz, Thomas 31, 36
Seehofer, Horst 44
Seemann, Sebastian 31, 36
Segall, Peter Christian 75
Sierau, Ullrich 34f
Şimşek, Enver 13, 17
Sippel, Thomas 23, 48f
Spieth, Frank 76
Stadtkewitz, René 107
Steinbach, Erika 108
Steinmeier, Frank-Walter 80
Stöss, Richard 64
Struck, Mandy 18f

T., Andreas 49f, 56
Taşköprü, Süleyman 13
Thierse, Wolfgang 93
Tillich, Stanislaw 98
Turgut, Mehmet 13

Ulbig, Markus 89, 97f

Wagner, Christean 79
Wagner, Dietrich 12
Wieland, Wolfgang 59
Wilders, Geert 107
Wippermann, Wolfgang 69, 87, 93
Wissler, Janine 79, 90
Wohlleben, Ralf 18-20, 36, 41
Wolter, Judith 105
Woltmann, Ludwig 80
Woltowitz, Matthias Larisch von 30

Yaşar, İsmail 13
Yozgat, Halit 13, 49-51

Ziercke, Jörg 16, 58-60, 111
Ziesemann, Sebastian 37
Zitelmann, Rainer 73
Zschäpe, Beate 7-9, 13, 17-23, 26, 36, 38, 40f, 45-48, 57, 61, 110, 113

Bitte beachten Sie auch die folgenden Seiten.